AF563824

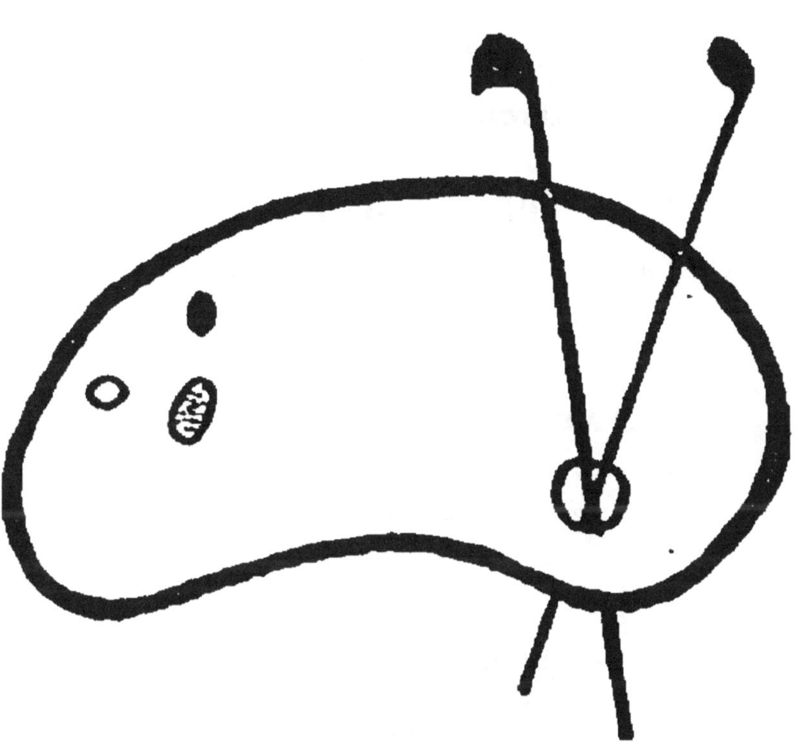

ARNOLDO SOLER

CHARGÉ D'AFFAIRES D'ESPAGNE A TUNIS

ET SA CORRESPONDANCE

1808-1810

THÈSE POUR LE DOCTORAT

PRÉSENTÉE A LA FACULTÉ DES LETTRES DE PARIS

PAR

GASTON LOTH

ANCIEN ÉLÈVE DE LA FACULTÉ DES LETTRES

PROFESSEUR AU LYCÉE DE TUNIS

TUNIS

SOCIÉTÉ ANONYME DE L'IMPRIMERIE RAPIDE

rue d'Alger, vis-à-vis de la Résidence Générale

1905

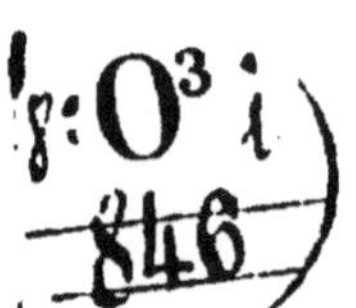

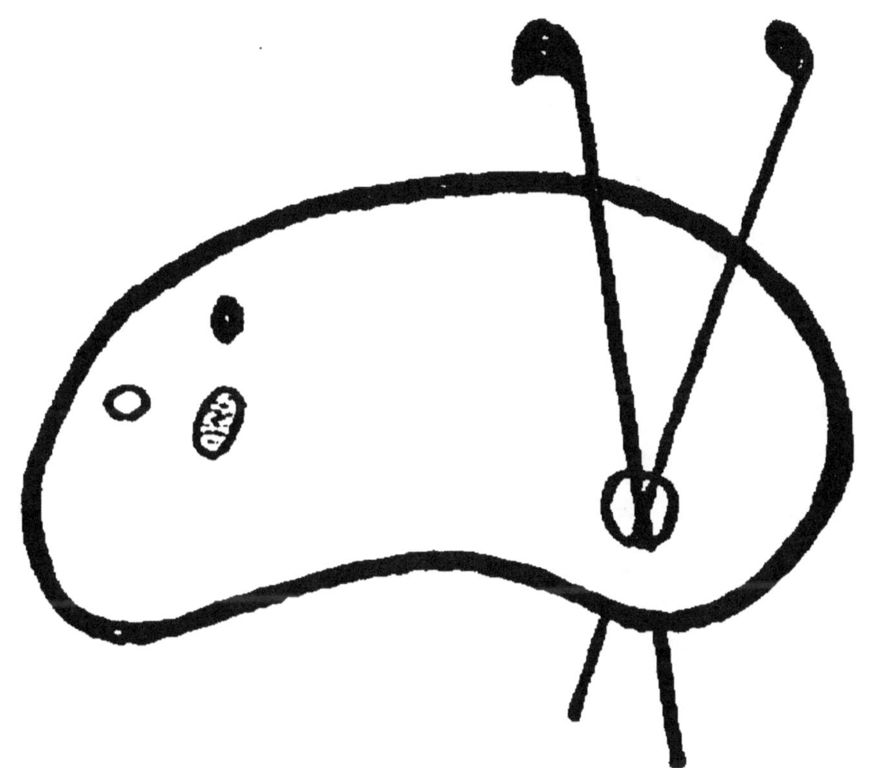

FIN D'UNE SÉRIE DE DOCUMENTS
EN COULEUR

ARNOLDO SOLER

CHARGÉ D'AFFAIRES D'ESPAGNE A TUNIS

ET SA CORRESPONDANCE

1808-1810

ARNOLDO SOLER

CHARGÉ D'AFFAIRES D'ESPAGNE A TUNIS

ET SA CORRESPONDANCE

1808-1810

THÈSE POUR LE DOCTORAT

PRÉSENTÉE A LA FACULTÉ DES LETTRES DE PARIS

PAR

GASTON LOTH

ANCIEN ÉLÈVE DE LA FACULTÉ DES LETTRES

PROFESSEUR AU LYCÉE DE TUNIS

TUNIS

SOCIETE ANONYME DE L'IMPRIMERIE RAPIDE

rue d'Alger, vis-à-vis de la Résidence Générale

—

1905

A mon cousin J. Loth
Doyen de la Faculté des Lettres
de l'Université de Rennes

Je remercie M. Rameau y Sevilla, vice-consul d'Espagne à Tunis, d'avoir bien voulu, en l'absence du Consul général, faciliter aimablement mes recherches dans les archives du Consulat.

Je remercie également M. Gilbert, secrétaire d'ambassade, chef de cabinet du Résident Général à Tunis, d'avoir obtenu, pour moi, du Ministre des Affaires étrangères à Madrid, l'autorisation de traduire et de publier le manuscrit d'Arnoldo Soler.

Je tiens aussi à exprimer ma gratitude à M. Desdevises du Dézert, professeur d'histoire à l'Université de Clermont-Ferrand, qui a mis à ma disposition les documents dont il disposait et m'a donné de précieux conseils.

INTRODUCTION

Les lettres dont nous donnons ici soit une traduction complète, soit une analyse succincte, forment le texte d'un registre manuscrit appartenant aux archives du Consulat d'Espagne à Tunis. Ce manuscrit, de format in-quarto, renferme 258 lettres, sur 196 feuillets non numérotés, dont le recto et le verso sont couverts d'une grosse écriture en lignes largement espacées. Sur la couverture, en solide parchemin, se lit le titre suivant : *Correspondencia desde el 7 de enero 1796 hasta 28 julio de 1810. Archivo : Libros nº 3.*

Le manuscrit est tout entier de la main de don Arnoldo Soler, mais, du mois de janvier 1796 au mois de décembre 1798, il écrit au nom de son père don Jayme. Ce dernier, chargé d'affaires à Tripoli, passe au mois d'août 1796 à Tunis, où il meurt en décembre 1798. A partir de cette dernière date, toutes les lettres sont écrites par Soler en son nom personnel, d'abord comme chancelier, puis ensuite comme vice-consul. Régulièrement tenu pendant les années 1796, 1797 et 1798, le registre de don Arnoldo ne contient que trois lettres pour l'année 1799. La correspondance reprend plus active pendant les années 1800 et 1801, puis nouvelle interruption jusqu'en juillet 1808, si l'on excepte une seule lettre écrite en 1802 et une autre datée de 1805. Nous n'avons pu découvrir les causes de ces lacunes. Aucun registre supplémentaire n'existe au Consulat permettant de suivre Arnoldo Soler entre 1801 et 1808.

Enfin, du 18 mai 1808 au 28 juillet 1810, la transcription des lettres adressées soit aux consuls espagnols des divers pays en relations avec la Tunisie, soit aux autorités de la péninsule, est faite de nouveau régulièrement sur le registre affecté à cet usage.

L'importance des événements qui s'accomplissaient alors en Espagne permettait de supposer que cette dernière partie de la correspondance du consul était particulièrement intéressante. Nous nous sommes donc bornés à résumer en quelques pages les lettres contenues dans la première partie du manuscrit, tandis que nous avons complètement traduit la presque totalité de celles qui furent écrites à partir de 1808. On verra que l'agent espagnol, à la suite des principaux incidents qui marquent la rupture des relations diplomatiques entre son pays et la France, se trouve aux prises avec des difficultés de toute nature. Consignant avec soin les péripéties de son existence pendant cette période troublée, il marque en même temps le caractère spécial de sa mission en pays barbaresque et la nature de ses relations avec le consul de France et les représentants des autres puissances européennes dans la Régence.

Si ses lettres ne nous apprennent rien de nouveau sur la guerre de l'indépendance espagnole, elles servent du moins à préciser la situation à l'étranger des agents consulaires qui avaient reconnu l'autorité du gouvernement de la Junte et répudié tout contact avec les ministres du roi Joseph.

Elles permettent de se rendre compte de l'effet produit par les procédés violents de Napoléon Ier sur l'imagination d'un prince oriental. Elles attestent aussi que la lutte gigantesque tentée par l'Empereur contre l'Europe entière était suivie avec attention dans la Régence, où l'on semble craindre de voir se renouveler contre Tunis la récente expédition du Caire.

Ainsi se trouvent complétés, dans une mesure appréciable, les renseignements que nous fournissent les lettres échangées entre le gouvernement français, les consuls de France et les beys de Tunis. Publiée par M. Eug. Plantet, cette intéressante correspondance constituait déjà un document indispensable à quiconque entreprend une étude sur l'histoire de la Tunisie depuis la fin du XVIe siècle.

Les lettres que nous donnons aujourd'hui permettent de contrôler l'exactitude des renseignements fournis par nos agents au moment même où l'Empire se débat dans une crise qui laisse déjà prévoir sa fin prochaine.

Par ordre du comte de Champagny, ministre des relations extérieures de l'Empire Français, et sur le désir exprimé par la Cour de Madrid, le vice-consul de France à Tunis, M. Billon, fit, en octobre 1809, une enquête « sur la conduite et les dispositions » des agents consulaires espagnols dans la même ville, « sur leur mérite, leur conduite publique et privée et leur façon d'agir et de penser relative aux changements survenus en Espagne ». M. E. Plantet s'étant contenté de donner dans son recueil un résumé de cette pièce, nous avons pensé qu'il serait intéressant d'en publier le texte complet, et nous l'avons jointe aux lettres du consul d'Espagne, afin de rendre ainsi plus facile la lecture de ces dernières.

Si la plupart des documents concernant l'action française en Tunisie avant l'établissement du Protectorat sont classés dans les Archives du Ministère des Affaires étrangères, nous avons trouvé néanmoins, à Tunis même, quelques pièces inédites se rapportant directement à la période napoléonienne.

Ces documents sont répartis entre les Archives de la Résidence générale de France et les Archives du Secrétariat général du Gouvernement Tunisien.

Communément désignées sous le nom d'Archives du Dar-el-Bey, ces dernières ne comprennent guère que des liasses de documents rédigés en langue arabe et dont la plupart ne remontent pas au delà du XIXe siècle. Grâce à l'obligeance de l'archiviste, M. Mohamed el Karaoui, nous avons pu prendre connaissance des pièces contenues dans le « carton de France » signalé par M. Plantet. Aucune d'entre elles ne se rapporte aux événements signalés par le consul d'Espagne.

A la Résidence générale de France, où M. l'archiviste Beuf a aussi facilité nos recherches avec une constante amabilité, les dossiers d'archives ne sont guère mieux fournis. Quelques rares documents échappés à l'incendie et au pillage du Consulat par les Algériens en 1756, le registre des délibérations de la nation, voilà tout ce qui reste des collections de l'ancien Fondouk des Français.

Une demi-douzaine de cartons renferment en outre quelques liasses de papiers divers se rapportant à la période qui s'étend entre 1760 et 1836. Dans l'un d'eux, portant au dos la mention : « Carton des consuls étrangers (1792-1836) », nous avons trouvé vingt-cinq lettres de don Francesco Segui, consul d'Espagne à Tunis, dont il est souvent question dans les lettres que nous publions aujourd'hui, ainsi que dans la correspondance de M. Plantet.

La plupart des épitres de Segui, écrites après une disgrâce retentissante pour dettes contractées envers le bey et quelques-uns de ses favoris, sont de simples missives de politesse ou d'amitié adressées au consul de France, sous la protection duquel il s'est placé dès qu'il a pu entrevoir de ce côté le moyen de retrouver à la fois la situation et les honneurs perdus.

Quelques-uns de ces billets sont particulièrement intéressants et de nature à éclairer certains passages de notre texte. Nous les avons soigneusement notés et nous en avons donné quelques extraits choisis avec soin permettant de comprendre la situation réciproque des agents français et espagnols à Tunis.

L'auteur des lettres dont nous avons entrepris la traduction s'appelait Arnoldo Soler. Il était fils de don Jayme Soler, agent espagnol envoyé d'Alger à Tunis en 1787 pour obtenir du bey Hamouda la cessation des hostilités qui avaient éclaté entre la Régence et l'Espagne.

Un certain Basalini, chargé de négocier la paix avec le bey, avait simplement obtenu une trêve de six mois. On pensait que don Jayme serait plus heureux, mais il ne réussit qu'à faire prolonger la trêve.

Un troisième agent, Pedro Suchita, ne parvint pas davantage à vaincre l'obstination du bey. Bref, les négociations n'aboutirent qu'en 1791. Il avait fallu recourir de nouveau aux qualités diplomatiques de don Jayme.

Dans cette entreprise délicate, les agents de la France favorisent de tout leur pouvoir le négociateur espagnol, et ordre est donné par le marquis de Castries à notre consul à Tunis, M. de Châteauneuf, « de seconder par ses bons offices, sans nuire toutefois à ses fonctions, le négociateur que l'Espage va envoyer à Tunis ». (1)

Ce négociateur, c'est don Jayme Soler. Pour le récompenser des succès obtenus, il fut nommé, la même année, consul général et chargé d'affaires à Tripoli-de-Barbarie, où il résida jusqu'en 1796. Dans ce poste difficile, il n'eut pour tout auxiliaire que son fils Arnoldo. Celui-ci fit fonctions de chancelier jusqu'au 4 août 1796, date à laquelle il s'embarqua pour Tunis avec don Jayme, (2) nommé consul général et chargé d'affaires à Tunis, en remplacement de don Pedro Suchita. Le père d'Arnoldo mourut dans cette dernière ville, à l'âge de cinquante et un ans, le 5 décembre 1798, à la suite de fièvres contractées à Tripoli, laissant une veuve, Dna Angela, et six enfants dans la misère la plus profonde.

Le gouvernement espagnol vint en aide à la famille en nommant Arnoldo chancelier du Consulat de Tunis, le 7 février 1798. Quelques mois après la mort du chargé d'affaires don Ignazio Buzaran, décédé brusquement dans la nuit du 12 au 13 février 1800, lui parvint une nomination de vice-consul. A deux reprises différentes il fut même chargé du Consulat, et enfin, en 1808, il eut pour mission spéciale de liquider les dettes et la situation de son consul, Francesco Segui. Un peu plus tard, en 1811, il obtint même le titre de consul général quand son prédécesseur eut été incarcéré, avec toute sa famille, dans la maison consulaire, faute de pouvoir rembourser les sommes empruntées au garde des sceaux et, sous le couvert de ce dernier, au bey lui-même. L'affaire fit grand bruit à Tunis, mais il n'est pas absolument certain que ce scandale fut la cause réelle de la mesure prise par le gouvernement espagnol à l'égard de l'ex-consul. Les lettres de Segui au consul de France permettent de supposer que le gouvernement révolutionnaire de la péninsule n'ignorait pas les relations de son ancien agent avec le représentant de Napoléon Ier et le consi-

(1) E. PLANTET : *Correspondance des Beys et des Consuls de France à Tunis*, t. III, p. 167.

(2) Don Jayme fut avisé de sa nomination par lettre officielle en date du 1er mars 1796 à laquelle il répondit par lettre en date du 16 juillet.

dérait, à juste titre du reste, comme un traître à la cause nationale.

Don Arnoldo Soler était encore consul d'Espagne à Tunis en 1814. Il devait mourir du typhus quelques mois plus tard, en 1817, mal soigné par un vieux médecin français, M. Toutel. Furieux de cette mort et convaincus de la maladresse du praticien, le frère du consul et son neveu, Pierre Soler, élève vice-consul, chargé des affaires d'Espagne depuis la maladie de don Arnoldo, attirèrent M. Toutel dans un guet-apens où le malheureux médecin faillit périr assassiné. Ces mœurs violentes n'ont pas lieu de surprendre en pays barbaresque, surtout à un moment où Français et Espagnols s'étaient voués une haine mortelle.

La correspondance d'Arnoldo Soler pendant la période qui s'étend du 12 mai 1808 au 28 juillet 1810 présente un intérêt spécial, en raison de la situation politique de l'Espagne, où deux gouvernements coexistent, l'un officiellement installé par les Français, mais repoussé par la majorité de la nation, l'autre ayant un caractère insurrectionnel, mais représentant les aspirations populaires.

C'est à ce dernier, ayant à sa tête la Junte centrale de gouvernement, que Soler reste fidèle. Par lettre du 31 décembre 1807, don Pedro Cevallos, ministre des Affaires étrangères d'Espagne, l'a chargé de la garde des intérêts espagnols à Tunis. Il refusera, par conséquent, de reconnaître l'autorité du roi Joseph et restera en communication avec Cevallos et ses successeurs.

A diverses reprises, Soler croit devoir assurer le roi Ferdinand VII de sa soumission et de sa fidélité les plus complètes. Au président de la Junte suprême de gouvernement à Madrid, le comte de Florida Blanca, il écrit pour dire qu'il a appris « avec la plus grande consternation les événements de Bayonne », mais que sa douleur s'est apaisée quand il a connu peu après « les valeureux et mémorables succès de la nation ».

Ses bons rapports avec le consul de France ont complètement cessé. Notre vice-consul Billon constate bientôt que Soler est « l'agent du gouvernement de Séville », tandis que Francesco Segui, l'ex-consul disgracié, devient au contraire un des familiers du Fondouk des Français, se réclame du roi Joseph et suit avec intérêt les progrès des troupes françaises dans la péninsule.

La situation aurait pu devenir embarrassante pour le bey Hamouda, qui considérait toujours Soler comme l'agent officiel du roi Ferdinand VII, si le gouvernement du roi Joseph avait installé au Consulat don Francesco Segui ou s'il avait confié le soin de le représenter à l'agent français. Mais le consul de France fut seulement chargé de surveiller les agissements de Soler, qui resta installé à la maison consulaire d'Espagne, sans être inquiété.

La crise dans laquelle se débat l'Espagne n'empêche pas Arnoldo Soler d'exercer sur le bey et sur son entourage une influence marquée. La situation personnelle qu'il parvient à se créer à la Cour du Bardo est évidemment due au long séjour fait par sa famille dans les Régences de Tripoli et de Tunis. Lui-même connaît admirablement le milieu dans lequel il évolue. Il est au courant des mœurs indigènes, des petites intrigues du « palais », de l'esprit mercantile qui caractérise les familiers du bey.

Il exploite avec beaucoup d'habileté l'affaire Segui. S'il parvient à obtenir le remboursement total ou partiel de la somme due au garde des sceaux, il peut, en effet, augmenter singulièrement son crédit auprès d'Hamouda.

En dépit de ses efforts pour hâter une solution à laquelle le bey attache tant de prix, Soler ne parvient pas néanmoins à obtenir de la Junte insurrectionnelle toutes les satisfactions qu'il réclame. Des préoccupations de toutes sortes retiennent l'attention des hommes réunis pour sauvegarder l'indépendance de l'Espagne. Ils ont besoin de toutes leurs ressources et, tout en comprenant l'intérêt qu'ils peuvent avoir à s'assurer la bienveillante neutralité d'Hamouda, ils se laissent difficilement arracher par Soler un petit acompte sur la créance Segui ou un léger avantage commercial dont pourront bénéficier les ministres du bey et le bey lui-même.

Fort heureusement, à la Cour de Joseph on continue à ignorer la Tunisie. Comment, dans ces conditions, malgré les difficultés qu'il rencontre, Soler ne conserverait-il pas une grande influence auprès d'Hamouda ?

C'est un terrible homme que ce bey ! Nous le connaissions déjà par l'intéressante correspondance échangée entre lui et les représentants de la France, consuls, ministres des Affaires Etrangères, envoyés en mission extraordinaire, sans parler des lettres directement adressées à Louis XVI ou à Napoléon Ier.

Les détails que donne Arnoldo Soler confirment notre première impression sur ce personnage.

A peine adolescent, Hamouda, fils d'Ali-Bey, avait été désigné comme héritier présomptif, avec le titre de bey-du-camp, au détriment « des neveux de son père, héritiers de Mohamed-Bey ». Quand il remplaça Ali sur le trône, le 26 mai 1781, il n'avait que vingt-trois ans. S'il aimait le faste et les plaisirs, il était néanmoins considéré comme doué « d'un tempérament vigoureux et d'un caractère sérieux ». Il justifia cette opinion par la manière dont il se conduisit pendant les premières années de son règne, mais bientôt il se montra «d'un caractère emporté, entier dans ses volontés, livré à des hommes corrompus, compagnons ou agents de ses plaisirs ».

Le consul de France, M. Devoize, le trouve un jour « agité des convulsions de la fureur » à propos de Tunisiens détenus comme esclaves à Cagliari. Le côté capricieux, fantasque, irritable du caractère d'Hamouda ne fait que s'accentuer avec l'âge. A certains moments il est dans un tel état de colère que les représentants des gouvernements étrangers, obligés de lui adresser des réclamations, peuvent craindre non seulement d'être en butte à de mauvais traitements, mais encore de ne pas sortir vivants du palais. Après ces accès de violence, le souverain tunisien se montre aussi parfois très pusillanime.

On voit de quels singuliers ménagements il fallait user avec ce prince pour parvenir à se faire écouter. Arnoldo Soler excelle à exploiter quelques-uns des sentiments qui se partagent l'âme du bey Hamouda, notamment l'amour de l'argent et la crainte de Napoléon Ier.

Pour remplir son trésor, sans cesse vidé par les folles prodigalités dont sont coutumiers les souverains orientaux, il n'est pas de petit moyen auquel n'ait recours le bey. Les représentants des puissances étrangères sont fréquemment invités par lui à renouveler les cadeaux faits au nom de leurs gouvernements. C'est presque la seule manière pour certains d'entre eux de conserver « la bonne correspondance » entre les nations qu'ils représentent et le capricieux Hamouda. Sans grandes ressources financières, n'ayant même pas toujours la possibilité d'obtenir de la Junte insurrectionnelle le paiement de sa solde d'agent consulaire, Soler parvient cependant de temps à autre à se procurer quelque étoffe précieuse, quelque objet désiré vivement par le bey, et qu'il lui offre au nom de son gouvernement.

Mais s'il reste trop longtemps sans envoyer au Bardo les cadeaux habituels, « l'insatiable cupidité, passion prédominante à la Cour », pousse le bey à de nouvelles réclamations. Hamouda déclare brusquement qu'il veut en finir avec l'affaire Segui; il n'a égard ni à la situation de l'Espagne, ni aux observations de Soler, qui doit sans broncher « supporter patiemment l'excès de son impatience et de son manque de réflexion », sachant bien que ces violences supposent le désir de quelque nouvelle faveur. Peu après, en effet, on lui demandera, par exemple, d'obtenir le dégrèvement des droits de douane à la sortie des laines achetées par le sabab-el-taba à Alicante.

Ainsi associé à son ministre préféré pour des entreprises commerciales qui tiennent une large part dans ses préoccupations, Hamouda ne supporte même pas que d'autres réalisent auprès de lui des bénéfices trop considérables. Il s'indigne à la pensée que le « grand douanier », Mohamed Djellouli, est en train de réaliser une fortune pendant que le trésor du beylik reste vide, et il s'arrange de façon à exiger de lui une somme de deux cent cinquante mille piastres comme prix du fermage annuel. La brusque interruption du trafic avec Marseille et Livourne cause un grand préjudice à Djellouli. Menacé d'être ruiné, il refuse au bey la continuation d'un pareil marché. Que fait Hamouda? Sans souci des traités, il annule purement et simplement l'ancien tarif fixant les droits à percevoir sur les marchandises étrangères à leur entrée dans la Régence et double ou triple les chiffres arrêtés d'un commun accord entre lui et les puissances européennes à la date du 7 février 1753.

A la réclamation des consuls de France et d'Angleterre, il se contente de répondre qu'il ne contrevient pas aux traités en usage, qu'il se contente de fixer le prix des marchandises d'après le cours actuel.

Pendant ces négociations, Arnoldo Soler garde un silence prudent, se bornant à faire remarquer que l'Espagne doit jouir des mêmes privilèges que l'Angleterre et la France.

Enfin, il reste encore, à défaut d'autre moyen, une dernière ressource à Hamouda pour remplir ses caisses. « Il a, nous dit Soler, déclaré dernièrement au chargé d'affaires du Consulat de France qu'il entendait se prévaloir du droit qui lui appartient de se faire céder aux enchères toutes les marchandises de prise à sa convenance. L'application de ce principe entraine des bénéfices considérables, car le bey, dès qu'il sait que le prix d'une marchandise vendue à l'encan peut laisser un gain assuré, en la revendant à d'autres personnes, se la fait céder. » A l'aide de quelques sacrifices habilement consentis Soler parvient néanmoins à éviter d'ordinaire l'emploi de ces procédés à l'égard des corsaires espagnols.

Il est en communications constantes avec Hamouda et ne cesse de lui dénoncer la violence des moyens employés en Espagne par Napoléon Ier et ses lieutenants.

Déjà, le bey s'était montré très inquiet lors de l'expédition d'Egypte. Les Français de la Régence durent même subir souvent, à cette occasion, les conséquences de son humeur irritable. Son anxiété redouble quand il voit l'Empereur disposer, à son gré, des trônes de l'Europe.

Déjà irrité d'avoir la France pour voisine en Sicile et dans l'Italie du Sud, il redoute encore de voir un gouvernement vassal de Napoléon s'installer à Madrid. Possédant le littoral européen de la Méditerranée Occidentale, l'Empereur ne sera-t-il pas presque forcément tenté de devenir maître du détroit de Sicile, en s'emparant de la côte tunisienne ?

Hamouda suit donc avec attention les événements qui se passent en Espagne. Il demande fréquemment des renseignements à Soler; il se fait traduire par lui l'opuscule dans lequel Cevallos dénonce à l'indignation de l'Europe les machinations de Bayonne. A la lecture des détails donnés par le ministre espagnol il manifeste la plus vive indignation ; il souhaite à Ferdinand *VII* d'être bientôt rendu à ses fidèles sujets et à la nation espagnole d'être aidée par Dieu dans sa juste cause « qui intéresse tant la tranquillité de tous les autres souverains ».

Soler met également le bey en garde contre les nouvelles répandues à Tunis par certains Espagnols amis des Français, ou par les Français eux-mêmes. Il fait tant et si bien que Hamouda se remet à haïr ces Français contre lesquels il avait déjà, au début de son règne, « montré quelque prévention ». Malgré l'estime qu'il a pour la personne de notre représentant, M. Devoize, il ne perd pas une occasion de créer des difficultés à nos nationaux.

Il subit de plus en plus les influences hostiles à la France. Il ne peut manquer, du reste, d'être frappé de voir le parfait accord qui règne entre les consuls d'Angleterre, d'Espagne et de Hollande, ces deux derniers refusant avec une égale énergie de reconnaître l'ordre de choses établi dans leur pays par Napoléon Ier. Hamouda n'ose pas rompre ouvertement en visière avec l'Empereur, mais il ne cache guère sa sympathie pour ses adversaires. Il attend évidemment une occasion de reprendre la même attitude que pendant la deuxième coalition, où « il se montra l'ennemi le plus acharné de la République ». S'il n'arme plus de corsaires comme autrefois, il s'efforce, en revanche, de susciter mille embarras aux corsaires français, tandis qu'il favorise de tout son pouvoir les opérations des corsaires anglais et espagnols. Aux réclamations du gouvernement français, il se borne à répondre d'une façon équivoque. Sur tous les points, les lettres d'Arnoldo Soler confirment et complètent la correspondance de nos consuls.

Soler nous montre aussi comment l'état de guerre créé dans la Méditerranée par la politique napoléonienne compromet gravement les intérêts économiques de la Régence. Le blocus continental a réduit, dans une proportion très grande, les relations commerciales entre les pays barbaresques et les ports de Marseille et de Livourne. L'Espagne, il est vrai, en profite dans une certaine mesure, car les reïs tunisiens savent qu'ils seront accueillis dans la plupart de ses ports, et ils tentent assez volontiers d'y porter des marchandises. Parfois, les navires sont affrétés par le sahab et-tabâ lui-même, qui sur les conseils de Soler envoie en Espagne des denrées alimentaires dont le besoin se fait vivement sentir dans toute la péninsule.

Ardent patriote, Soler veut fournir à sa patrie une aide encore plus efficace. Ne pouvant quitter son poste pour prendre les armes contre les soldats de Napoléon, il s'ingénie à donner à la Junte les moyens de chasser l'ennemi en achetant des armes de guerre qu'il fait d'ordinaire passer dans la péninsule par l'intermédiaire de don Alberto de Megina, consul d'Espagne à Malte.

L'idée vient même à Soler de profiter de ce que le bey Hamouda a demandé à Napoléon de lui vendre six mille fusils de guerre. Ce serait un coup de maître de se rendre acquéreur de ces armes de choix sorties des fabriques de Versailles! Autorisé par la Junte à s'entendre à ce sujet avec le bey, il obtient du vieux souverain promesse de cession des six mille fusils, moyennant un léger bénéfice. Quelle joie pour Soler d'arriver ainsi, par un moyen détourné, à faire du grand ennemi de l'Espagne, de «l'émule de Néron», le propre fournisseur d'armes des patriotes soulevés contre la domination française! Si l'affaire ne réussit pas, ce ne fut vraiment pas la faute d'Arnoldo.

Les lettres qu'il écrivit sont intéressantes, surtout si on les rapproche de la correspondance engagée sur le même sujet entre Devoize et le gouvernement français. Après de longs pourparlers, les six mille fusils seront livrés au bey... mais ils ne passeront pas en Espagne!

A cet ensemble de détails s'ajoutent aussi dans les lettres de Soler des remarques intéressant l'état intérieur de la Régence, les mœurs des habitants et leur degré de civilisation. Nous y voyons par exemple que la piraterie est toujo[illegible]s en usage et que les Européens ne peuvent sans danger débarque[illegible] sur certains points du littoral. Beaucoup d'entre eux sont enc[illegible]s tenus en esclavage dans les propriétés du bey. Les consuls inte[illegible]nent fréquemment pour adoucir leur sort.

Soler note aussi le curieux état d'esprit de la population juive de Tunis. Dans la Harat, c'est-à-dire dans le ghetto, on suit attentivement les progrès des armées françaises en Europe. Désireux d'échapper aux vexations des musulmans, les israélites tunisiens se groupent autour du consul de France et arborent la cocarde tricolore. Fureur d'Hamouda en apprenant pareille manifestation. Il ne parle de rien moins que de brûler le premier Juif qui se permettra de tenter ainsi de se soustraire à son autorité. Aussitôt, dit Soler, les cocardes disparurent.

On voit quelle variété d'aperçus sur les choses et les gens du pays tunisien, sur les relations de la Régence avec l'Europe ou avec les Algériens renferment les lettres d'Arnoldo Soler.

C'est pourquoi nous avons eu l'idée de donner une version française de cette intéressante correspondance. Dans notre traduction, nous n'avons nullement visé à l'élégance : il nous suffisait de rendre aussi clairement que possible la pensée de l'auteur. Si imparfait que puisse paraître notre travail, il aidera, nous l'espérons du moins, à l'intelligence des faits principaux pendant cette courte période du règne d'Hamouda-Bey.

ARNOLDO SOLER

CHARGÉ D'AFFAIRES D'ESPAGNE A TUNIS

ET SA CORRESPONDANCE

1808-1810

Pour faciliter l'intelligence des lettres écrites par don Arnoldo Soler pendant que se déroulaient en Espagne les graves événements survenus pendant les années 1808-1810, nous allons tout d'abord résumer brièvement ce qui nous reste de sa correspondance pendant la période 1790-1808.

Au nom de son père don Jayme, consul à Tripoli, dont il est le fidèle auxiliaire, don Arnoldo écrit, au début de l'année 1796, pour faire connaître au prince de la Paix[1] le désir de don Jayme d'être nommé chargé d'affaires à Tunis. Il connaît admirablement cette ville au point de vue politique et rappelle son long séjour dans la Régence et la bienveillance particulière que lui témoigna le ministre d'Hamouda-Bey,[2] Sidi Hadj Mustapha Khodja.

Le bey de Tripoli se préparait à envoyer à Constantinople une ambassade pour demander l'investiture, quand arrive un envoyé porteur du caftan d'honneur que lui adressait le sultan. La remise de ces insignes du commandement est faite solennellement et donne lieu à des réjouissances publiques.

Les Cours de Danemark, de Suède et de Hollande n'ayant pas envoyé au bey les cadeaux d'usage, celui-ci donne l'ordre à ses corsaires de capturer les bâtiments naviguant sous les pavillons de ces nations. Il menace les Napolitains de leur faire subir le même sort.

Les bonnes dispositions pour l'Espagne se manifestent au contraire par la ratification d'un traité de paix (1er avril 1796) renouvelant dans tous ses détails la convention de commerce et d'amitié signée en 1198 de l'hégire par le bey son père.[3]

Le kapidji-bachi qui a porté le caftan d'investiture ayant réclamé au bey 30.000 sequins d'or, celui-ci a prié don Jayme de lui faire une avance de 10.000 pesos forts sur les cadeaux qui doivent lui être remis au nom du roi d'Espagne.

Sur ces entrefaites, don Jayme est nommé à Tunis. Il passe encore quelques semaines à Tunis, témoin de nouveaux incidents causés par la prétention du

(1) Les lettres envoyées à Madrid sont d'abord adressées au prince de la Paix, puis à don Francesco de Saavedra.

(2) Lettres du 7 et du 31 janvier 1796.

(3) Lettre du 7 avril 1796.

bey d'exiger des cadeaux des représentants du Danemark, de la Hollande, de la Suède, de l'Empire, de la Russie et de la Prusse.

Le consul de France lui-même n'est pas respecté. Insulté par des Turcs ayant à leur tête le kiaya, il a grand'peine à obtenir des excuses et la destitution du coupable.(1)

Arrivé à Tunis le 11 août avec son fils Arnoldo, don Jayme apprend que la peste vient à peine de cesser ses ravages et qu'elle sévit encore à Alger. La frégate espagnole à bord de laquelle il a pris place le débarque et part sans avoir communiqué avec la terre.

Bien reçu par le bey Hamouda et par ses ministres, à qui il offre quelques cadeaux, don Jayme recommande à son tour au gouvernement espagnol un homme de confiance envoyé par le sahab-et-taba à Barcelone pour y effectuer des opérations commerciales. Ce factotum se nomme Hadj Ahmed ben Younès. Il faut, dans l'intérêt des nationaux espagnols de Berbérie, ménager cet homme et lui accorder les remises des droits sur les marchandises à exporter d'Espagne au nom du sahab-et-taba.(2)

Au Consulat de Tunis, don Jayme a trouvé comme chancelier don Ignacio Buzaran, auquel il a remis un certificat constatant qu'il avait bien rempli ses fonctions de consul intérimaire après la mort de don Pedro Suchita, pendant les six mois durant lesquels il fut chargé d'affaires d'Espagne.(3)

Les Vénitiens, en guerre avec les Algériens, demandent au bey d'abriter leurs navires à Porto-Farina. On leur refuse cette permission afin de ne pas mécontenter les Algériens.

Un envoyé américain venu d'Alger porteur de lettres du dey annonçant au bey qu'il avait conclu la paix entre Tunis et l'Amérique au prix de 50.000 pesos forts, ne put rien obtenir d'Hamouda qui prétendait recevoir en outre 150.000 douros et n'acceptait pas l'intervention d'Alger.

La Cour de Naples a offert 100.000 douros et 150 prisonniers maures pour le rachat des officiers et matelots du chabèque de guerre pris par les corsaires tunisiens. Le bey veut 150.000 douros.(4)

A son retour d'Alger l'envoyé français, Herculais,(5) n'a pas été très bien reçu par le bey et ses ministres. Il a sollicité inutilement l'expulsion des émigrés de la Régence. Républicain très exalté il a fait enlever, le jour même de son arrivée à Tunis, l'autel et les ornements de l'église consulaire et l'a transformée en une salle de festin où fut célébré un banquet civique qui donna lieu aux plus honteux

(1) Lettres des 13 mai, 15 mai, 12 juillet, 16 juillet 1796.

(2) Lettres des 15 août, 30 août, 3 septembre et 22 septembre 1796.

(3) Lettre du 6 novembre 1796.

(4) Une lettre en date du 1 mars 1897 annonce que l'affaire a été conclue.

(5) Sur cet envoyé extraordinaire, voir Plantet, *op. cit.*, t. III, p. 250 à 323. — Voir notamment lettre du 23 avril 1797, de Beaussier à Delacroix, ministre des relations extérieures.

excès. Les ornements de l'église ont été offerts aux Pères de l'hôpital espagnol. Herculais va partir pour Tripoli.

Avis a été donné par le consul d'Espagne à Malte de l'état de guerre entre l'Espagne et l'Angleterre depuis le 5 octobre 1796.

Le bey a voulu savoir si les chabèques que lui avait promis le roi d'Espagne étaient construits. Il désire que le gouvernement espagnol lui fasse parvenir promptement ces bâtiments.

Soler annonce l'envoi des instructions en usage dans les manufactures de cuirs et dans les teintureries d'indigo, ainsi que d'une caisse contenant les instruments dont on se sert à Tunis pour la préparation des peaux et de quatre couffins contenant des échantillons d'indigo, d'alun, de henné et d'écorces de pin.(1)

Avis est donné par le consul d'Espagne à Tripoli que les Danois bloquent ce port. Pour ne pas violer la neutralité, il serait bon d'interdire ces parages aux navires espagnols marchands.

Soler envoie copie de toute la correspondance échangée avec le consul de France au sujet de la prise d'une embarcation espagnole par un corsaire français. Ces documents établissent clairement la grave injure faite au pavillon espagnol et la mauvaise foi et la fierté du consul de France.

Le supérieur de la Mission des Capucins émet la prétention d'exercer la juridiction ecclésiastique sur le consul d'Espagne et sur les dépendances du Consulat. Don Jayme s'y oppose et refuse d'accomplir ses devoirs religieux en leur hospice où préside le consul de France. Ce serait honteux pour la nation espagnole. On a donc établi la chapelle consulaire à l'hôpital royal d'Espagne et pris pour chapelain le Père administrateur Gabriel de Santa-Colonna. Il faut que la chapelle consulaire d'Espagne soit sur le même pied que la chapelle de France.(2)

Le bey de Constantine a franchi la frontière tunisienne pour châtier les Kroumirs qui avaient pillé des bateaux algériens jetés à la côte, mais il a été obligé de se retirer avec perte. On craint des représailles d'Alger.

Un envoyé tunisien à Londres pour le règlement des difficultés pendantes entre l'Angleterre et la Régence(3) s'est arrêté à Paris pour se plaindre d'Herculais.

Le bey a refusé à Herculais des prisonniers originaires du Milanais.

Une frégate danoise venue de La Goulette pour traiter de la paix y rencontra deux prises danoises faites par un corsaire tripolitain. Rupture des négociations. La guerre est sur le point d'éclater.

(1) 1 mars 1797. A cause de la peste et à cause de la circonspection avec laquelle il faut procéder, satisfaction n'a pu encore être donnée aux « senòres du commerce de Valence » qui désiraient des renseignements sur la fabrication des chéchias. Les renseignements demandés partent par lettre du 10 juin 1797.

(2) Lettres du 12 janvier 1797.

(3) Il s'agissait entre autres d'une réclamation adressée par le bey au gouvernement anglais à la suite de l'attaque par l'escadre anglaise d'une petite flottille française en rade de La Goulette. — Voir ROUSSEAU, *Annales Tunisiennes*, p. 235, et PLANTET, *op. cit.*, t. III, p. 281.

Le pli contenant le traité d'alliance offensive et défensive de l'Espagne avec la France est parvenu au Consulat.

Sidi Ahmed Caramanly, ex-pacha de Tripoli, vivant à Tunis petitement de ce que lui donne le bey, a demandé à don Jayme 50 sequins. Il les lui a donnés, pensant qu'il serait approuvé par ses chefs.(1)

Les sujets du grand-maître de l'Ordre de Malte qui habitent la Régence réclament la protection espagnole. La plus grande partie de ces Maltais établis en Berbérie tiennent auberge, ce qui est défendu en Tunisie et les expose à de nombreuses vexations de la part des employés même du gouvernement qui favorisent leur contrebande, et à de nombreuses insultes des Maures et des Juifs qui vont boire dans leurs maisons. C'est pour cette raison qu'un consul ne peut guère leur venir en aide.

En vertu d'une lettre de service, le chancelier Buzaran prétend loger au Consulat avec toute sa famille. La maison consulaire est trop petite; de nouvelles instructions sont demandées.

Une corvette française envoyée en parlementaire avec un passe-port anglais a conduit à Tunis l'ambassadeur que le bey avait envoyé à Londres l'année précédente. La Cour de Londres n'a pas accepté les réclamations de Hamouda et celui-ci en est très fâché ; toute affaire restera en suspens jusqu'à ce que vienne à Tunis quelqu'un ayant qualité pour terminer le différend.

Le gouvernement français a donné ordre à son consul de déposer l'envoyé extraordinaire de la République auprès des puissances de l'Afrique, de le faire embarquer dans les trois jours avec ses papiers et, en cas de besoin, de requérir l'aide du gouvernement beylical. Cinq jours avant l'arrivée de cet ordre Herculais était parti pour Tripoli. Le consul de France dépêche un courrier à sa poursuite et l'adresse au consul d'Espagne à Tripoli afin d'être plus sûr que ses lettres ne seront pas interceptées par Herculais. Le courrier a rapporté la nouvelle que les ordres avaient été exécutés. Mais on croit ici que l'envoyé extraordinaire s'est réfugié avec son butin en Amérique ou en Angleterre, ayant fait main basse sur un dépôt d'argent du Consulat de Tripoli.(2)

Arrivée d'une frégate danoise apportant la nouvelle de la conclusion de la paix de sa nation avec Tripoli.

Tous les esclaves tunisiens détenus à Naples sont arrivés. L'argent suivra.

La peste augmente terriblement depuis le mois de mars; il meurt deux fois plus de monde que dans les quatre années passées.(3) Des deux religieux de l'hôpital l'un est mort, l'autre est malade, mais on espère qu'il guérira.

Malgré les conventions, le bey ne veut pas fournir à l'hôpital de nouveaux esclaves pour le service en remplacement de ceux qui viennent de mourir de la

(1) Lettres du 4 mars 1797.

(2) Voir lettre d'Herculais à Delacroix, datée du golfe de Naples 21 juin 1797 (6 messidor an V). (Plantet, t. III, p. 320).

(3) Voir Plantet, t. III, p. 322.

peste. Il craint de nouveaux décès; des dépenses plus fortes en résultent pour les administrateurs.

Le patron d'une barque espagnole naufragée a été dépouillé par les Arabes de 400 pesos forts. Plainte au bey, qui fait rechercher les voleurs et avisera des résultats obtenus. Le patron de cette barque est un Maltais domicilié à Carthagène, homme de mauvaise conduite.(1)

Soler envoie les comptes de dépenses du Consulat du 1er juillet 1796 au 30 juin 1797, qui se montent à 27.777 piastres de Tunis.

Un corsaire du garde des sceaux a conduit à Tunis une embarcation qui allait de Palerme à Naples sous pavillon ottoman, et à bord de laquelle se trouvait S. Exc. le prince de Paterno Moncada et cinquante autres passagers.

Le bey prétend que, par convention avec le Grand Seigneur, les Régences de Berbérie peuvent s'emparer de toutes les embarcations sous pavillon ottoman qui n'ont pas un firman du sultan ou du capitan-pacha.

Equipage et passagers ont donc été déclarés esclaves. Le chargé d'affaires de Naples a avisé don Jayme que le prince était grand d'Espagne, d'origine espagnole et possédant des fiefs en Espagne; le roi de Naples a écrit au roi d'Espagne pour qu'il fasse remettre le prince en liberté. Soler estime cependant qu'il ne peut pas agir en cette circonstance, et tous les consuls sont de son avis. Il faut faire intervenir la Porte. Le prince offre 100.000 pesos forts pour sa rançon, si la Porte ne déclare pas sa prise illégitime. Le bey en veut 600.000 sans condition. Le prince demanda à partir pour Naples en laissant son fils en ôtage, cela lui a été refusé. Il a alors envoyé un courrier afin qu'on intervienne près du sultan.(2)

Depuis le commencement d'août, de nombreux Européens sont morts de la peste (150, dont 15 Français); la récolte de céréales a été mauvaise; les prix sont élevés.

Un envoyé du bey est revenu de Naples avec des présents pour Hamouda et ses ministres. Il était accompagné d'un comptable de marine avec les esclaves tunisiens de Naples et 50.000 pesos forts, acompte sur le rachat des Napolitains esclaves.

Arrivée d'une polacre génoise armée en guerre apportant au bey, sous les auspices du consul de France, une lettre du nouveau gouvernement et une trentaine de Tunisiens prisonniers, demandant aussi à conclure un traité de paix. Le bey a accueilli ces ouvertures, mais après que Gênes aurait fait sa paix avec Alger. Les Génois se montrent peu satisfaits de la générosité du bey (il a refusé la liberté des esclaves génois) et de son attitude à l'égard du nouveau gouverne-

(1) Lettres du 10 juin 1797.

(2) Un envoyé du capitan-pacha, nommé Isaac-Bey, partira pour Tunis; mais le bey exigea 150.000 pesos forts pour les rançons du prince et des dix-huit personnes de sa suite, tout en paraissant céder seulement à l'intervention de la Porte. (Lettres du 18 janvier 1798.)

ment. Les officiers génois se montrent jacobins exaltés et manifestent peu de sympathie pour notre nation.

Le consul de France a réclamé un bateau corse et son équipage, pris sous pavillon français à l'époque où les Anglais avaient envahi l'île ; il n'a pas pu obtenir satisfaction.

Même refus à semblable demande du consul anglais.

Le bey ne craint nullement d'irriter les puissances européennes. Les succès de ses corsaires l'ont rendu si orgueilleux qu'il sera bientôt insupportable si on n'y met ordre.(1)

Retour à Tunis du citoyen Devoize, révoqué en mars l'an dernier par l'ex-envoyé extraordinaire de la République avant son départ pour Alger, sous prétexte d'attachement à l'ancien régime.(2) Le Directoire a réintégré Devoize pour donner satisfaction au bey ; celui-ci s'est déclaré très satisfait, mais il refuse cependant la restitution de la barque et de l'équipage corses.

Les Anglais ont pris sur les côtes de Sardaigne une barque achetée à Marseille pour le compte du kiaya de Porto-Farina et l'ont conduite à Saint-Pierre. Un passager juif a été assassiné ; le subrécargue turc a failli périr. Indignation du bey, qui envoie un bâtiment demander réparation au général commandant à Gibraltar.

Le chargé d'affaires de Venise, apprenant ce qui venait de se passer dans son pays, est rentré à Tunis, où le consul de France l'a présenté au bey, lui demandant de ne rien faire en ce qui concerne les Vénitiens avant que le sort de Venise ne soit décidé. Le bey se borna à répondre qu'il aviserait. On croit qu'il modèlera son attitude sur celle de la Porte.(3)

Le bey déclare la guerre aux Vénitiens, dont il ne reconnait pas le gouvernement provisoire.(4)

Incident entre Hamouda et le commandant de trois frégates françaises envoyées de Corfou à Tunis pour demander la restitution de quelques natifs de cette île pris sous pavillon vénitien. L'incident vint de ce que les Français s'emparèrent de deux prises anglaises dans la rade de La Goulette et facilitèrent la fuite de deux esclaves du bey à bord des frégates.(5)

Arrivée d'une petite division anglaise portant des dépêches pour le consul. Les barques de cette flottille s'emparèrent de deux navires marchands français ancrés à La Goulette. Le bey applaudit beaucoup cet acte, considéré par lui comme légitimes représailles.(6)

(1) Lettres du 28 septembre 1797.

(2) Voir lettre de Devoize à Talleyrand (26 octobre 1797) annonçant son arrivée à Tunis le 2 octobre. (PLANTET, t. III, p. 327.)

(3) Lettre du 12 novembre 1797.

(4) Voir lettre de Devoize à Talleyrand, 17 novembre 1797 (27 brumaire an VI). PLANTET : *Op. cit.*, t. III, p. 329, et note 3 de la page 330.

(5) Lettre du 17 janvier 1798.

(6) Lettre du 23 avril 1798.

La prise de Malte par les Français (1) a beaucoup augmenté la considération que l'on avait à Tunis pour le gouvernement de la République Française. Le bey a renvoyé au consul les esclaves jusque-là vainement réclamés.

Le consul de France a reçu du général Bonaparte l'ordre de réclamer tous les Maltais esclaves, les Français ayant libéré à Malte plus de 2.000 musulmans, dont 300 Tunisiens. Le bey consentit à cette mesure. (2)

Il a craint, tant qu'on ignorait la destination de l'armée française, une descente en Berbérie. Même depuis qu'il connait le départ pour le Levant, il n'est pas complètement rassuré. On craint beaucoup les Français en Tunisie, mais on a une grande confiance dans la flotte anglaise de la Méditerranée. Cette nation jouit ici d'un grand crédit.

Arrivée à Tunis d'une frégate de guerre suédoise convoyant deux navires chargés de présents pour le bey.

De Tunis, ces bâtiments ont mis à la voile pour Tripoli. (3)

Une frégate anglaise de 40 canons, partie il y a cinq jours de Gibraltar avec des dépêches pour l'amiral Nelson, s'est perdue sur l'île Plane, croyant entrer en rade de La Goulette. Tout l'équipage a été sauvé.

Un reis tunisien vient d'apprendre par un Ragusain en provenance d'Alexandrie qu'il a rencontré la flotte française à peu de distance d'Alexandrie. On ignore où est l'escadre anglaise. (4)

Le sucre et le café manquant dans la Régence, le bey a envoyé un bateau ragusain en chercher à Malaga ou à Gibraltar, avec une patente de protection des consuls d'Espagne, de France et d'Angleterre.

Un corsaire tunisien avait enlevé une barque ragusaine avec des Sardes et des Génois. Poussé par la tempête à Bastia, il est obligé de restituer ses prisonniers. Le bey se plaint au consul de France.

Le bey a reçu un chaouch du capitan-pacha porteur d'un ordre de la Porte lui intimant de respecter les embarcations des sujets de l'Empereur qui sont rencontrées pourvues du firman habituel ; le bey a promis de se conformer à la volonté du Grand Seigneur.

Des violences sont exercées sur le capitaine d'un bateau français par le reis Mohamed, qui prépare à Porto-Farina l'armement de quatre corsaires. Plainte du consul de France, qui menace de ne plus délivrer de passeports aux corsaires. Le reis prétend que ce sont des Turcs de son équipage qui sont fautifs. Le bey

(1) Voir la lettre du général Bonaparte à Devoize, datée de Malte le 15 juin 1798, l'informant que l' « armée de la République est en possession depuis deux jours de la ville et des deux îles de Malte. Le pavillon tricolore flotte sur tous les forts. »
PLANTET : *Op. cit.*, t. III, p. 350.

(2) Lettre de Beaussier à Talleyrand (25 juin 1798) et lettre de Devoize (15 juillet 1798).
PLANTET : *Op. cit.*, t. III, p. 351 et 354.

(3) Lettre du 17 juillet 1798.

(4) Lettres des 20 et 21 juillet 1798.

les fait emprisonner, mais le consul n'est pas dupe de ce grossier subterfuge. A une nouvelle plainte le bey répond qu'il ne fera rien de plus; on n'a pas besoin des passeports. Le consul s'incline et clôt l'incident.

Le même reïs Mohamed a surpris les malheureux habitants de Carloforte, en l'île Saint-Pierre, et les a amenés en captivité. L'escadrille se composait de cinq navires ayant chacun de 20 à 25 canons. Le consul raconte toutes les souffrances endurées par les malheureux captifs, le défilé lamentable dans les rues de Tunis, sous le bâton des Turcs.(1)

Femmes et enfants, au nombre de six cents, sont entassés à moitié nus dans une maison; les hommes, au nombre de deux cents, sont placés dans une autre. Les frères du bey et Sidi Mustapha Khodja font porter quelques secours aux femmes et aux enfants. Le bey et le garde des sceaux sont restés insensibles. Pour se débarrasser de l'entretien de cette troupe misérable, ils ont contraint les chrétiens à en recueillir une partie, 250 femmes et enfants. Soler en a pris un certain nombre, notamment la famille du vice-consul Rivano.

Le bey a offert une jeune fille à chaque corsaire et deux au commandant. Il voulut faire l'inventaire du butin, mais le garde des sceaux n'y put parvenir, les Turcs s'y opposant. En argent seulement, on évalue les prises à 50.000 pesos forts.

Voilà à quel point d'insolence en est arrivé ce gouvernement.

Soler a demandé la liberté de son vice-consul; pareille démarche est faite par les consuls de Danemark, de Suède, de Hollande et par l'agent impérial, qui réclament les représentants de leur nation. Le bey cède après quelques difficultés. Il explique que les vice-consuls de France et d'Angleterre n'ont pas été molestés parce qu'ils avaient hissé leur drapeau sur la maison consulaire.

On a fait savoir de Sardaigne que pour le rachat des malheureux esclaves on vendrait au besoin les trésors des églises. Le bey a demandé 300.000 sequins de Venise, et le garde des sceaux 10 piastres fortes par tête.

La victoire des Anglais devant Alexandrie a exalté jusqu'à l'enthousiasme l'opinion qu'on avait ici de l'Angleterre.

Les indigènes prétendent être sûrs que l'armée de Bonaparte a été détruite avant de pouvoir gagner le Caire; les avis de Malte annoncent au contraire que les troupes françaises sont en possession de cette ville. Le bey a expédié un courrier à Alexandrie; on ne tardera pas à être renseigné.

Envoi de présents par le Danemark; le bey les juge insuffisants; il exige un complément dans les six mois, sous menace de guerre.

On annonce la défaite complète de l'armée française qui a été obligée de se

(1) Voir aussi lettre de Devoize à Talleyrand (18 septembre 1798).
PLANTET : *Op. cit.*, t. III, p. 361.

retirer à quelque distance du Caire, puis à Alexandrie, où la déroute a été achevée.(1)

Don Arnoldo Soler annonce à don Francisco de Saavedra la mort de son père don Jayme et recommande à Son Excellence la nombreuse famille du consul.(2) Il envoie l'inventaire du Consulat et le compte des dépenses depuis le 1er juillet 1798 jusqu'à fin décembre, soit 17.008 piastres tunisiennes et 11 caroubes. Il signale que son père a dû faire quelques réparations à la maison consulaire, a eu quelques frais d'entretien, en outre, pour les esclaves de l'île Saint-Pierre placés sous la protection de S. M. le roi d'Espagne.

Don Arnoldo remercie de sa nomination de chancelier, qui lui a été envoyée le 7 février, avec la même solde que celle attribuée à don Ignacio Buzaran.

Il se plaint des vexations que lui fait subir ce consul et des ennuis qui sont créés à la veuve et aux enfants de don Jayme. Don Buzaran refuse de les laisser habiter la maison consulaire et a donné l'ordre aux fournisseurs de ne plus rien leur donner, à partir du 31 mars, si ce n'est contre argent, aux blanchisseuses de ne plus laver leur linge, aux domestiques de ne plus les servir.

Sous prétexte de réparations, don Buzaran a fait même découvrir la terrasse de la maison, les exposant ainsi à être assassinés. Avec sa mère enceinte et ses six frères, Soler a été contraint d'aller demander l'hospitalité au consul de Hollande.

Les services qu'a rendus son père auraient dû lui éviter ces ennuis.(3)

Mort du vice-consul Ignacio de Buzaran, survenue dans la nuit du 12 au 13 février.(4)

Soler dit que la veuve du défunt vice-consul n'a pas voulu lui remettre les registres de son Consulat avant d'avoir reçu l'ordre de Madrid.

Le bey veut le charger de la même mission que le précédent consul et le faire passer en Espagne pour aller solliciter à Madrid la réduction à 3 °/o du droit de 10 °/o que paient toutes les marchandises tunisiennes à leur entrée en Espagne. Soler lui fait observer qu'il ne peut s'absenter sans un ordre exprès de son gouvernement. Le bey n'a pas insisté et, après le ramadan, lui a remis une lettre pour le roi.(5)

De Toulon est arrivée une corvette parlementaire française ayant à bord tous

(1) Lettre du 25 septembre 1798. — Sur les événements d'Egypte, voir aussi lettre de Devoize à Talleyrand (25 septembre 1798).

PLANTET : *Op. cit.*, t. III, p. 362-363.

(2) Lettres des 5 et 13 décembre 1798.

(3) Lettres du 7 mai 1799.

(4) Lettre du 14 février 1800. — On lit dans les *Annales Tunisiennes* de Rousseau, p. 213, que le consul Buzaran fut rappelé en Espagne en 1802, sur la plainte du bey. La correspondance de Soler, ainsi qu'une lettre du consul de France Devoize à Talleyrand, attestent au contraire la mort de Buzaran en février 1800.

(5) Lettres du 21 février 1800.

les Tunisiens détenus en France, rendus au bey pour obtenir la réciprocité, mais le bey ne veut pas rendre les prisonniers français.(1)

Le bey a appelé Soler au Bardo et l'a chargé d'exposer ses prétentions au gouvernement espagnol. Pour qu'on se forme une idée de la cupidité de ces gens, Soler fait connaître son entrevue avec le garde des sceaux. Ils ont été très mécontents des droits de douane qu'on a fait payer à Barcelone et à Alicante sur les marchandises expédiées par Hadj Younès, sans compter ceux sur les chabèques. Ils déclarent ces droits exorbitants. Les Espagnols sont mieux traités dans la Régence.(2)

Le garde des sceaux veut bien intervenir pour que le bey abandonne ses prétentions, mais demande en échange des exemptions de droits pour son compte personnel.

Soler signale un envoi de présents au bey par les Etats-Unis d'Amérique.(3)

Incident entre le prince de Palerme et le bey. Celui-ci arme des corsaires pour se faire payer une rançon promise, mais accorde un nouveau délai de six mois.(4)

Soler adresse des réclamations au bey au sujet de la prise d'une barque de Majorque, armée en course, par un corsaire tunisien. Il écrit plusieurs lettres à ce sujet et dépeint la misère des matelots majorquins.(5)

En adressant le compte des dépenses du Consulat, Soler signale le taux élevé du change sur Livourne.(6)

Le bey ayant accordé trois délais de trois semestres au consul de Danemark pour qu'il fit venir les cadeaux d'usage, le consul dit au bey que ces présents viendraient en mai prochain; il lui fut répondu que l'ordre avait été donné aux corsaires tunisiens de s'emparer des vaisseaux danois. Dès le 4 mai, deux prises danoises sont amenées à Tunis. Le 8, une autre prise danoise est faite, et tout l'équipage conduit au bey. Le consul menace de quitter la Régence. On lui promet de ne pas molester l'équipage, de ne pas toucher à la cargaison qui restera en dépôt. Arrivée de neuf autres prises danoises; le bey vend les cargaisons, sous prétexte qu'elles se détériorent à bord. Le consul avise le commandant d'une frégate danoise stationnée à Livourne. La frégate arrive à Tunis le 28 mai, avec un brigantin de guerre. Le consul et l'interprète vont à bord, puis l'in-

(1) Lettre du 28 février 1800.
(2) Lettre du 15 mars 1800.
(3) Lettre du 23 avril 1800. — Voir aussi une lettre de Devoize à Talleyrand en date du 25 avril.
PLANTET : *Op. cit.*, t. III, p. 303 et 304.
(4) Lettre du 25 avril 1800.
(5) Lettres du 2 juin 1800.
(6) Un assez grand nombre de lettres sont relatives à la comptabilité succincte du Consulat et aux difficultés financières éprouvées par le chargé d'affaires. Nous en avons traduit quelques-unes écrites de 1808 à 1810; nous avons cru inutile de mentionner les autres.

terprète, renvoyé à terre dans une barque conduite par un officier et neuf marins, crie à une galiote tunisienne de s'emparer de la barque, dont l'équipage fut conduit au bey. L'officier est blessé en essayant de se défendre. Le consul débarque, mais ne peut se faire rendre ni l'équipage ni la barque et ne parvient pas lui-même à retourner à bord. Sur ces entrefaites apparaissent six corsaires dont une corvette de vingt-six canons. La frégate veut les reconnaitre; la corvette, qui est algérienne, cherche à échapper; il vente frais, elle coule; tout l'équipage est sauvé; les autres bâtiments jettent l'ancre dans la rade. Le bey projette d'enlever la frégate danoise à l'aide des Algériens.

La frégate est obligée de s'éloigner devant les six corsaires algériens et les cinq tunisiens. Elle expédie le brigantin à la recherche de cinq frégates danoises qui croisent dans la Méditerranée. Puis le commandant écrit au consul de réclamer l'officier, les marins et la barque. Refus du bey. Le commandant met à la voile et prend le large.

Arrivée à Tunis de trois chiaoux ambassadeurs de la Porte, pour chacune des Régences d'Afrique, porteurs de firmans relatifs aux prisonniers français. Celui destiné au bey est particulièrement violent. On l'accuse de trop ménager les Français, qui sont les pires ennemis des musulmans. Le bey ne parait pas tenir compte de ce message. (1)

Retour de la frégate danoise. Ultimatum du commandant au bey, qui répond par le refus de livrer l'équipage, le déclare esclave et remet ses passeports au consul. Rupture complète. Le consul part pour Livourne. Le bey vend cinq prises danoises, dont la cargaison était évaluée à un million de piastres. (2)

Soler réclame, au nom de son gouvernement, les deux bateaux danois pris par un corsaire tunisien. Le bey répond que, d'une lettre reçue de Mahon, il résulte qu'une barque tunisienne prise par un corsaire français a été emmenée dans ce port. Soler répond qu'il faut attendre confirmation de la nouvelle; en attendant, il faut rendre les prises danoises. Le bey répond évasivement. En somme, son intention est de ne pas restituer les deux prises danoises.

Soler annonce que le commissaire de la République Française à Tunis a reçu un pli du premier consul lui donnant toutes instructions nécessaires pour traiter avec le bey. Le bey a accueilli avec beaucoup de satisfaction ces ouvertures. La paix ne tardera pas à être conclue. (3)

(1) Lettre du 25 juin 1800. — Voir aussi lettre de Devoize à Talleyrand, du 30 juin 1800. PLANTET : *Op. cit.*, t. III, p. 408-409.

(2) Lettre du 25 juillet 1800. — Voir aussi lettre du 23 juillet 1800 de Devoize à Talleyrand.
PLANTET : *Op. cit.*, t. III, p. 409.

(3) Lettre du 15 août 1800. — Voir PLANTET : *Op. cit.*, t. III, p. 410 et 411. Armistice du 27 août 1800 (9 fructidor an VIII) et lettre de Devoize à Talleyrand du 1er septembre 1800 (14 fructidor an VIII).

Le bey détient aussi un corsaire espagnol; il ne veut pas le rendre avant qu'on ait libéré le corsaire tunisien de Majorque. En cas de refus, le bey menace de représailles.(1)

Soler revient sur l'affaire des vaisseaux danois et la rupture qui s'en est suivie. Le 16 août, arrivée de deux frégates danoises avec des présents pour le bey. La frégate commandante hissa le pavillon parlementaire. Le consul d'Amérique se rendit à bord avec la permission du bey. Le commandant demanda une trêve. Le bey accepta. Conditions: le bey conserverait les barques prises, les cargaisons et les équipages; ceux-ci seraient rachetés; les autres prises faites avant la signature du traité seraient bonnes; les prises faites depuis seraient nulles. Durée de la trêve: quatre mois avant d'engager les hostilités, si la paix n'était pas signée. Passé ce temps, le roi de Danemark devrait ratifier les traités en cours et donner au bey son cadeau.

Soler ajoute que la France vient de conclure une trêve illimitée avec la Régence.

Arrivée à Tunis d'une frégate suédoise avec les cadeaux destinés au bey.

Le bey a appelé Soler au Bardo pour se plaindre qu'on ne lui ait pas encore restitué la barque et les marchandises du reïs Caracachan, et il lui a déclaré, qu'imitant les Algériens, il allait l'emprisonner. Soler a protesté et a prié d'attendre l'arrivée du consul pour le règlement de cette affaire. Le bey lui a répondu d'aviser le roi que s'il n'obtenait pas satisfaction Soler serait emprisonné.

Soler annonce le décès de Hadj Mustapha Khodja, ministre du bey.(2)

La Suède a envoyé en présents au bey des matériaux pour la construction et l'armement des navires, notamment pour la frégate construite par des charpentiers espagnols à Porto-Farina.

Les Américains, désireux de conclure la paix, ont offert également des cadeaux au bey.

Le bey appelle de nouveau Soler au Bardo, le menace de prison, toujours à propos de l'affaire du reïs Caracachan, et finalement lui annonce que dans deux mois la guerre sera déclarée si le différend n'est pas réglé. Soler a réussi à grand' peine à l'apaiser et l'a déterminé à écrire une lettre au roi.(3)

Soler va réclamer au bey les Espagnols prisonniers; le bey refuse avant le règlement du différend ci-dessus. Impossible de lui faire entendre raison.(4)

(1) Lettre du 1er septembre 1800.

(2) Lettre du 25 octobre 1800. — Voir aussi lettre du 7 décembre 1800 de Devoize à Talleyrand.

PLANTET: *Op. cit.*, t. III, p. 417-418.

(3) Lettres du 20 décembre 1800.

(4) Lettre du 21 avril 1801. — Voir aussi lettres des 29 janvier, 15 février et 10 avril 1801 de Devoize à Talleyrand.

PLANTET: *Op. cit.*, t. III, p. 419-421.

Arrivée d'un ambassadeur de Constantinople apportant au bey l'ordre de déclarer la guerre à la France. Le bey obéit et donne l'ordre au commissaire et aux négociants français de quitter la Tunisie dans les quinze jours. (Le 14 mars, dernier délai.)

Affaire du rachat du prince de Palerme. Le bey lui donne deux mois pour s'exécuter sous menace de guerre. Les deux mois ont expiré le 31 mai ; ordre immédiat aux corsaires de courir sus aux bâtiments napolitains.

Arrivée d'un navire et de deux frégates danoises à Tunis. Conclusion de la paix avec la Régence aux conditions suivantes : le bey garderait ses prises, recevrait trois cargaisons de matériaux de construction et de munitions de guerre ; les esclaves danois seraient rachetés ; plus les présents accoutumés.

Prise d'un navire français, le 21 février, par un navire anglais, sous le canon de la rade.

Le bey remercie le gouvernement espagnol qui lui envoie l'outillage nécessaire à la fonte des canons.(1)

Incendie violent au Bardo, destruction de l'arsenal et d'une grande quantité d'armes ; le bey demande au roi d'Espagne de pouvoir se procurer 3 à 4.000 fusils à Barcelone. Soler s'empresse d'aviser son souverain.(2)

Le 17 juillet, arrivée de deux frégates américaines convoyant un navire marchand portant des présents au bey. Elles ont quitté le port le 23 pour aller faire le blocus de Tripoli.

Le bey a obtenu du gouvernement anglais d'acheter à Mahon et à Malte quelques canons de 24 et 36 pour les murailles de Tunis. Il les a reçus.

Arrivée de deux frégates danoises avec le bateau portant les présents.

Plainte de Tunisiens échappés de Toulon et parvenus à Rosas, où ils furent retenus prisonniers.(3)

Soler a communiqué au bey la déclaration de guerre de l'Espagne au Portugal.(4)

Arrivée de quatre embarcations espagnoles. Elles naviguent le long des côtes. Le bey prévient Soler qu'il va les faire attaquer si on ne lui rend la cargaison du reïs Caracachan. Soler s'étonne de ce procédé ; du reste, Caracachan fut pris par un navire français hors portée des canons espagnols (à trois milles de Majorque), ainsi qu'en témoigne la lettre du reïs Ahmed Fenerdj. Le bey le menace de l'emprisonner à La Manouba.

(1) Lettre du 21 avril 1801. — Voir aussi lettres des 29 janvier, 15 février et 10 avril 1801 de Devoize à Talleyrand.
PLANTET : *Op. cit.*, t. III, p. 419-421.

(2) Lettre du 20 juin 1801.

(3) Lettre du 15 août 1801.

(4) Lettre du 15 décembre 1801.

« J'ai peur qu'il ne s'empare des embarcations. Sa Majesté ne pourrait-elle disposer de cent piastres de Tunis pour arranger cette affaire? sinon la navigation espagnole sera impossible. »(1)

Ici s'arrête la première partie de la correspondance d'Arnoldo Soler. L'agent espagnol écrit une seule lettre, dépourvue d'intérêt, en 1805, puis sa correspondance reprend, très active, à partir du 18 mai 1808.

(1) Lettre du 21 janvier 1802.

ARNOLDO SOLER

CHARGÉ D'AFFAIRES D'ESPAGNE A TUNIS

ET SA CORRESPONDANCE

1808-1810

Arnoldo Soler à don Pedro Cevallos

Tunis, le 18 mai 1808.

Le 13 courant, j'ai eu l'honneur de recevoir, vià Marseille, les deux plis du service royal qui contenaient les duplicata des ordres de Votre Excellence des 8 janvier, 12, 19 et 28 mars de cette année, avec une lettre cachetée pour don Francesco Segui [1] qui lui a été remise en mains propres.

Obéissant immédiatement aux ordres que Votre Excellence a daigné me donner par sa lettre du 19 mars, [2] j'ai communiqué le 14 mai au gouvernement du bey les décrets royaux d'abdication de S. M. Charles IV et de la proclamation pour Roi et Seigneur des Espagnes de S. M. Ferdinand VII, en manifestant le désir de Sa Majesté de maintenir et de resserrer les liens de bonne amitié qui unissent les deux Etats et de suivre, sur ce point, l'exemple de son auguste père.

(1) Sur ce personnage, voir la lettre suivante.

(2) Cette lettre fut écrite par don Pedro Cevallos le lendemain de l'émeute d'Aranjuez, après la déchéance de Godoy, prince de la Paix, au moment même où le roi Charles IV venait d'abdiquer en faveur du prince des Asturies. Cinq jours après, le 24 mars, Ferdinand VII faisait son entrée à Madrid, au milieu d'un peuple en délire. « Environné d'une faible escorte, pressé et embrassé à chaque pas par un immense concours de peuple, il ralentissait sa marche ; les manteaux se déployaient devant lui pour être foulés par son cheval, les mouchoirs s'agitaient aux balcons, et les acclamations, les vivats sortant de toutes les bouches résonnaient dans les airs, se répétant dans les carrefours, dans les rues, sur les amphithéâtres improvisés et dans l'intérieur des maisons, accompagnés partout des bénédictions les plus sincères. Jamais monarque ne jouit d'un triomphe plus magnifique et plus pur ; jamais prince non plus ne contracta d'engagement plus sacré de répondre par tous les efforts de la conscience et du cœur à tant de dévouement et d'amour. »

TORENO : *Histoire du soulèvement de la guerre et de la révolution d'Espagne.* (Traduct. française, Paris, 1835, publiée en même temps que l'édition originale par M. Louis VIARDOT, avec la collaboration de MM. D'AYLLON et Ferdinand BASCANS, pages 96 et 97.)

Le bey, [1] ses ministres [2] et les principaux seigneurs de la Régence ont accueilli cette nouvelle avec la plus grande sympathie. Le bey m'a chargé d'assurer Sa Majesté qu'il s'emploiera toujours à maintenir la bonne intelligence qui existe entre les deux royaumes et, en attendant qu'il puisse féliciter directement Sa Majesté, il la prie de vouloir bien accepter, par mon intermédiaire, les plus vives assurances de ses sentiments respectueux.

A don Pedro Cevallos

Tunis, le 20 mai 1808.

Le bey ayant été informé par les lettres de Sidi Soliman Melemeli, envoyé à la Cour pour exposer ses réclamations relativement aux dettes de don Francesco Segui, [3] que Sa Majesté avait daigné s'occuper de cette affaire et m'avait confié la charge de liquider ce compte, me demanda d'un ton inquiet, le 14 courant, si j'avais reçu les instructions et ordres correspondants de Sa Majesté et de Votre Excellence pour mener à bien, sans délai, le règlement de cette affaire. Le bey supposait, en effet, en me voyant, que Votre Excellence m'en-

(1) Hamouda-Pacha, bey de Tunis, petit-fils de Husseïn ben Ali, fondateur de la dynastie husseïnite, monta sur le trône le 26 mai 1782, à la mort de son père Ali. Il régna jusqu'au 15 septembre 1814.

(2) Parmi les ministres du bey, il faut tout particulièrement signaler Youssef Khodja, premier ministre, qui remplit les fonctions de sahab-et-taba ou garde des sceaux. Il sera souvent question de lui dans les lettres de Soler. Le nom de Youssef Khodja est encore aujourd'hui très populaire parmi les indigènes tunisiens. Une des principales mosquées de Tunis, bâtie par ses soins, est désignée sous le nom de mosquée du sahab-et-taba.

(3) Consul général d'Espagne à Tunis, don Francesco Segui, qui avait succédé à don Buzaran en août 1801, venait d'être mis en disponibilité pour avoir gravement compromis son prestige dans de louches affaires d'argent et avoir notamment emprunté au bey, par l'intermédiaire de son ministre le garde des sceaux, une somme de 40.000 pesos forts, soit environ 215.000 francs.

Cette affaire eut un grand retentissement dans la Régence. Le consul de France en avisa, à diverses reprises, son gouvernement. Il évaluait à 400.000 piastres, soit 240.000 francs, la somme due par Francesco Segui au ministre du bey. En mars 1811, le bey, fatigué de voir ses réclamations inutiles, fera arrêter Segui et le tiendra prisonnier quinze mois, avec sa famille, dans la maison consulaire.

Le gouvernement espagnol se décida enfin à destituer son agent et le remplaça par Arnoldo Soler, l'auteur de ces lettres, qui depuis plusieurs années déjà gérait les affaires du consulat et s'était particulièrement occupé de la liquidation de la créance Segui. *

* Voir Plantet : *Correspondance des beys de Tunis et des consuls de France avec la Cour*, t. III (1770-1830), p. 481. — Cf. Rousseau : *Annales Tunisiennes*, p. 212.

voyait lui donner communication des décrets royaux de Sa Majesté.

N'ayant pas reçu les ordres antérieurs de Votre Excellence, je me bornai à répondre au bey en lui promettant que si je recevais quelque pli du service royal relatif à la commission dont il parlait, il pouvait être assuré que je lui en ferais part immédiatement.

Le retard extraordinaire dans le retour de Soliman Melemeli cause au bey un très grand ennui.

Le 17 de ce mois, j'ai reçu, vià Livourne, deux plis de service qui contenaient la copie des ordres de Votre Excellence en date du 31 décembre 1807, une lettre pour don Francesco Segui et les instructions des 8 janvier et 12 mars derniers.

Ayant pris connaissance de vos instructions du 31 décembre, je fus très touché de voir que Sa Majesté daignait, en raison de ma constante fidélité pour son service, me confier le règlement et la liquidation des dettes de don Francesco Segui, et je ne crus pas pouvoir mieux démontrer ma gratitude qu'en me consacrant entièrement à l'accomplissement de cette importante mission. (1)

Mon premier soin fut d'aviser le bey, qui me répondit aussitôt de me présenter au Bardo. (2)

Connaissant le caractère et les idées des gens de l'entourage du souverain, j'ai pensé qu'il ne serait pas prudent de me faire accompagner par don Francesco Segui, car je craignais qu'il ne lui arrivât quelque chose de désagréable. Aussi me suis-je présenté seul au Bardo, le 20 de ce mois.

Le bey était avec son ministre, le garde des sceaux, (3) quand il me donna audience. Informé des volontés de Sa Majesté que Votre Excellence me communiquait à la date du 31 décembre, et voyant que cela concordait avec les avis de Melemeli, il ne voulut pas at-

(1) A ce propos, on lit aussi dans ROUSSEAU *(Op. cit.*, p. 266) que « depuis l'avènement du roi Joseph au trône des Espagnes, ce nouveau gouvernement était représenté à Tunis par le consul de France. Mais la Junte de Séville, qui personnifiait le parti de l'insurrection, continuait d'entretenir un agent spécial auprès du bey. Ces fonctions avaient été conservées à M. Segui, l'ancien consul espagnol ».

Il ressort du texte de cette lettre que, contrairement à l'assertion de M. Rousseau, dès le 31 décembre 1807, c'est-à-dire près de dix-huit mois avant l'entrée de Joseph à Madrid, don Francesco Segui avait été suspendu de ses fonctions et que le consulat était géré par M. Soler.

(2) Palais du bey, à quatre kilomètres de Tunis.

(3) Youssef Khodja était devenu tout-puissant sur l'esprit du bey depuis la mort du premier ministre Mustapha Khodja (11 octobre 1800) qu'il avait remplacé dans sa charge. Il ne tarda pas à devenir un ennemi personnel du consul de France, Jacques Devoize. * L'agent espagnol saura profiter habilement de cette circonstance pour créer des embarras à la France.

* PLANTET : *Corr. beys Tunis*, etc., t. III. Introduction, p. XLV.

tendre le retour de cet envoyé, qui est porteur de la lettre de Sa Majesté pour le bey, ainsi qu'a bien voulu m'en informer Votre Excellence, et il me déclara que dorénavant il me considérait comme accrédité près de lui et me reconnaissait comme le représentant intérimaire de Sa Majesté

Immédiatement après, il me fit sa première demande : Si j'avais l'ordre de lui rembourser les 40.000 pesos forts[1] que, sous le nom du sahab-et-taba,[2] son ministre, il avait gracieusement prêtés au consul d'Espagne don Francesco Segui, qui les demanda au nom du roi et pour le service royal, le 20 mai 1805, avec obligation expresse de les rendre dans un délai de quatre mois.

Je me bornai à lui confirmer la teneur de la lettre de Votre Excellence.

Le bey et le sahab-et-taba s'élevèrent violemment, selon leur habitude, contre les fausses assertions de don Francesco Segui, ne manquèrent pas de me faire connaître à quelle douloureuse alternative le consul avait exposé la responsabilité de Sa Majesté et ne cessèrent d'exiger, sans délai, le remboursement de cette somme.

J'eus beaucoup de peine à calmer la colère du bey et de son ministre, qui voulaient se livrer à des vengeances personnelles contre don Francesco Segui, le considérant comme un simple particulier.

Les consuls de France[3] et de Hollande,[4] qui se trouvaient au

(1) Monnaie espagnole valant, au pair, 5 *fr.* 34.

(2) Nom sous lequel les indigènes désignent le garde des sceaux.

(3) Jacques-Philippe Devoize, descendant d'une famille noble et très ancienne du Dauphiné, officier de cavalerie en 1774, devint vice-consul de France à Tunis en 1776, fut ensuite envoyé dans le Levant, puis revint à Tunis en 1791, avec le titre de commissaire du roi. Nommé consul général en cette ville le 21 juin 1792, il fut révoqué par le Directoire (11 janvier 1796), puis réintégré le 10 août 1797 et enfin confirmé comme consul général le 20 mai 1814 et le 29 mai 1815. Il quitta son poste en 1819 et mourut à Voiron, en 1832. (PLANTET : *Op. cit.*, t. III, p. 60.)

M. Plantet a pu, en se servant de sa correspondance, en tracer un portrait très détaillé. Il le considère comme « le type accompli du diplomate accrédité en pays barbaresque » et le montre « doué des qualités les plus séduisantes ».

« La dignité de sa tenue, la mesure de son langage, une conscience appliquée sans cesse à ses devoirs comme à ses droits, la solidité de son jugement, par-dessus tout une fermeté, une droiture de caractère à toute épreuve, une allure fière, un peu hautaine, et jusqu'à ce degré mesuré d'arrogance qui ne messied point à son emploi, tout cela ne peut qu'inspirer à la Cour du Bardo une haute considération. » (PLANTET : *Op. cit.*, t. III. Introduction, p. XV et XVI.)

C'était bien l'homme qu'il fallait pour déjouer les intrigues des agents étrangers, notamment des représentants de l'Angleterre et de l'Espagne, toujours unis pour lutter contre notre influence à la Cour beylicale.

(4) Antoine de Nyssen, consul des Pays-Bas, était l'oncle d'Arnoldo Soler. Il se montra, en toutes occasions, hostile à la France et refusa toujours de reconnaître le

Bardo, approuvèrent ma conduite dans cette circonstance délicate.

Le bey me congédia en me disant d'avoir à me conformer aux ordres de Sa Majesté et de revenir ensuite au Bardo.

Je remis, à mon retour à Tunis, la lettre de Votre Excellence à don Francesco Segui, qui me répondit qu'il obéirait ponctuellement aux ordres de Sa Majesté.

Je profite du départ d'un bateau français pour faire parvenir ces renseignements à Votre Excellence.

A don Pedro Cevallos

Tunis, le 20 mai 1808.

Il le prie d'assurer le roi Ferdinand VII de sa soumission et de sa fidélité la plus complète.

•

A don Pedro Cevallos

Tunis, le 12 juillet 1808.

Le dey d'Alger ne voulant pas reconnaître l'indépendance de la Régence et le bey ne voulant pas appliquer les anciens traités (1) à cause des actes de prépotence accomplis ici par les Algériens, la guerre éclata entre eux en 1806. (2)

Les Turcs, pensant que la conquête de Tunis serait aussi facile qu'en 1756, (3) organisèrent une invasion et formèrent un camp au

nouvel ordre de choses établi par Napoléon Ier en Hollande : « M. Nyssen, écrit le vice-consul de France, Billon, à la date du 9 février 1811, n'a encore pris aucune disposition pour remettre ses archives au consulat de France ; il continue à faire flotter le pavillon hollandais, bien qu'il ait appris la réunion de la Hollande à la France ». Il est aussi agent de l'Autriche. Il ne cesse de colporter dans la Régence les nouvelles anglaises et de dénigrer le gouvernement français en toute occasion. Aussi Billon demande son éloignement de Tunis. (Voir PLANTET : *op. cit.*, t. III, p. 491. Nyssen sera un des plus utiles auxiliaires de Soler dans son œuvre antifrançaise.

(1) A ces divers motifs s'ajoutait le fait que Hamouda-Bey avait donné asile à l'ancien bey de Constantine, Ingliz-Bey, destitué par le dey d'Alger. (E. VAYSSETTES : *Histoire des derniers beys de Constantine*, Revue Africaine, t. III, p. 198 et 265.)

(2) Voir ROUSSEAU : *Annales Tunisiennes*, p. 252 et suivantes.

(3) Lors de la guerre qui éclata, en 1755, entre les deux Régences, les Algériens s'emparèrent du Kef, qu'ils prirent et pillèrent le 23 juin 1756, puis vinrent mettre le siège devant Tunis.

Arrivés au Bardo dans la nuit du 21 au 22 juillet, ils livrèrent une série de combats aux troupes du bey et purent enfin pénétrer à Tunis, dans la nuit du 1er au 2 septem-

mois de mai de l'année dernière, en se réunissant à Constantine pour mettre leurs projets à exécution.

Le bey donna le commandement de ses troupes au garde des sceaux,(1) avec ordre de repousser les ennemis par la force.

La terreur que les Algériens ont imprimée dans la mémoire de leurs voisins est si grande que la seule réputation de pareils soldats suffit à décourager les pacifiques Tunisiens, qui se rappellent encore avec horreur des cruautés commises lors de la conquête de leur ville.

Du succès des premières rencontres dépendait l'issue de la guerre actuelle. Les Tunisiens eurent la bonne fortune de repousser les ennemis, les poursuivant jusqu'à Constantine, devant laquelle ils mirent le siège. (2) Mais ils donnèrent le temps d'arriver à des renforts venus d'Alger qui, s'unissant aux troupes de Constantine, surprirent le camp des Tunisiens et les forcèrent à se retirer précipitamment vers le Kef, place frontière située tout à fait aux confins de la province de Constantine, en abandonnant leurs armes, leurs tentes et leurs munitions. (3)

Les ennemis ne surent pas profiter d'un tel désordre et donnèrent le temps aux troupes tunisiennes de se reformer. (4) Les Algé-

bre, grâce à la trahison des janissaires turcs au service du bey. La ville fut soumise aux plus effroyables traitements. Musulmans, juifs et chrétiens furent traités avec la même barbarie. Des quartiers entiers furent rasés et leurs ruines, encore debout, attestent la barbare fureur des Algériens. Nous possédons un *Journal du siège de Tunis* qui est sans doute du chancelier Vallière, attaché au consulat de France. Nous avons aussi le procès-verbal « de ce qui s'est passé au fondouk français lors du saccagement de Tunis par les Algériens » et le récit complet fait par le consul de Saizieu des souffrances endurées par la Colonie en cette triste affaire. (Voir Plantet : *Corr. beys Tunis*, t. II, pages 498-521.)

(1) L'armée tunisienne n'était pas commandée par le sahab-et-taba, comme le dit Soler, mais par le général Soliman Kiahia. (Voir Rousseau : *Annales Tunisiennes*, pages 256-261). Le garde des sceaux Youssef Khodja ne prendra le commandement qu'après la retraite de l'armée tunisienne et réparera l'échec de Constantine par une éclatante victoire qui vaudra à son nom la grande popularité dont il jouit encore aujourd'hui.

(2) L'armée tunisienne ne comprenait pas moins de 40,000 hommes. (Voir Plantet : *Corr. beys Tunis*, t. III, p. 470.) Elle était commandée par Hamouda lui-même. (E. Vayssettes : *Op. cit.*, t. III, p. 267.)

(3) Devoize, le consul de France, attribuait cette retraite précipitée non à la mauvaise volonté des soldats, mais à la lâcheté des généraux et des officiers, « êtres dégradés, avilis par la plus infame dégradation », qui n'ont pas « l'énergie, les talents et le courage nécessaires aux soutiens d'un trône ». Il exprimait aussi la crainte que le bey Hamouda ne puisse conserver son royaume et sortir de la dépendance humiliante où il se trouve vis-à-vis des Algériens. (Plantet : *Ibid.*, t. III, p. 470-471.)

(4) Les troupes algériennes furent trahies par Moustafa ben Achour, caïd du Ferdjioua, qui entretenait depuis quelque temps une correspondance secrète avec Hamouda-Pacha. (E. Vayssettes : *Op. cit.*, t. III, p. 269.)

riens s'étant alors avancés et les Tunisiens s'étant portés à leur rencontre, ceux-ci les mirent complètement en déroute,[1] puis se retirèrent contents du résultat obtenu, pour pouvoir se reposer jusqu'au printemps de cette année.

Au mois de mai dernier, ils prirent leurs dispositions pour la formation du camp.[2] Le 13 juin partit le sahab-et-taba, commandant en chef des troupes.[3] Le 20, l'armée tunisienne arriva au Kef.

Le 24, nous reçumes la nouvelle d'une révolte au camp algérien, et que Mehemed Chaouch, avec ses partisans, avait décapité le bey de Constantine, se proclamant à sa place et offrant la paix au bey de Tunis par l'entremise d'une ambassade composée de huit chefs d'état-major déjà arrivés chez le sahab-et-taba.[4] La nouvelle s'est confirmée, et les envoyés du nouveau bey se sont présentés chez Hamouda-Pacha le 1er courant.

L'armée tunisienne ne se portait pas en avant, pensant que les hostilités cesseraient, quand, le 8 courant, nous apprimes que le dey d'Alger avait envoyé le khaznadji, El Jocha Cavallos, et un certain Mohammed Topal à Constantine, afin d'offrir de sa part aux Turcs des cadeaux et de l'argent pour se les attacher.[5]

Cette soldatesque pervertie accepta la chose et permit que l'on coupât la tête au bey Mehemed Chaouch, qu'elle avait élevé au pouvoir après avoir ôté la vie à son prédécesseur.

Ainsi s'évanouirent les espérances de paix entre les deux Régences.

Le garde des sceaux a jugé convenable de suspendre la marche en avant, et les Algériens n'ont pas bougé de leur côté, de sorte que les camps sont en observation; à mon avis, ils ne tarderont pas à se retirer de part et d'autre, à cause des chaleurs excessives.[6]

(1) Cette victoire des Tunisiens fut signalée à Talleyrand par le consul de France Devoize dans une lettre datée du 15 juillet 1807, où il annonçait que 7.000 Algériens avaient été faits prisonniers. (PLANTET : *Corr. Tunis*, t. III, p. 471.)

(2) A Tunis, on était très inquiet : on s'attendait à la prochaine arrivée des Algériens dans la capitale. (PLANTET : *Corr. Tunis*, t. III, p. 473.)

(3) Voir la note 1 de la page précédente.

(4) M. E. Vayssettes donne d'intéressants détails sur cette conspiration qui aboutit au remplacement du bey Ali par Ahmed Chaouch. (*Op. cit.*, t. IV, p. 127-132.)

(5) Avisé que Ahmed Chaouch se préparait à marcher sur Alger pour s'y faire reconnaître comme souverain, le dey Ahmed-Pacha avait investi au titre de dey de Constantine un certain Ahmed el Tobbal, le propre Khalifa d'Ahmed Chaouch. Celui-ci réussit à soulever les soldats turcs de la garde du bey, ainsi que les goums arabes. Ahmed Chaouch fut massacré dans son camp, sur les bords de l'oued Rummel (E. VAYSSETTES : *Op. cit.*, t. IV, p. 201-210) et remplacé séance tenante par Ahmed el Tobbal.

(6) La paix fut conclue à l'automne. (PLANTET : *Corr. Tunis*, t. III, p. 478.)

Au Président de la Junte Suprême de gouvernement à Madrid[1]

Tunis, le 9 octobre 1808.

Dans les derniers jours de mai, j'ai reçu du ministre d'Etat mission de communiquer au gouvernement de la Régence l'abdication de S. M. Charles IV, la proclamation pour roi et seigneur des Espagnes de S. M. Ferdinand VII.

En même temps je recevais les pouvoirs nécessaires pour régler les difficultés résultant des dettes contractées par don Francesco Segui, ex-consul à Tunis, dettes qui ont été la cause des réclamations réitérées du bey. Heureux d'avoir l'occasion de montrer mon zèle, ma fidélité, mon amour pour le service du roi, je me suis employé de tout cœur à la réussite de ma mission.

En jurant, dans ma première lettre, fidélité et amour à notre Auguste Souverain, je me sentais le cœur rempli des plus flatteuses espérances.

Enfin je voyais donc, dans ma carrière, un terme à mes malheurs, le commencement du bonheur!

A peine m'étais-je acquitté de la mission qu'avait daigné me confier Sa Majesté, avec l'espoir d'avoir mérité la récompense si désirée de son approbation, lorsque j'appris, avec la plus grande consternation, les événements de Bayonne.[2] Accoutumé au malheur, mes premiers pressentiments m'apparurent le produit d'une illusion!

Je restai dans cet état d'abattement jusqu'au 15 septembre, où l'arrivée d'un bâtiment espagnol de Mahon m'a fait connaître les valeureux et mémorables succès de la nation.

Vivant loin de la patrie, je n'ai pu, dans les circonstances présentes,

(1) Cette assemblée révolutionnaire portait le titre exact de Junta central suprema gubernativa del regno en nombre del Rey nuestro Senor D. Fernando VII. Installée à Aranjuez, dans la chapelle du palais, le 25 septembre 1808, elle fut successivement transférée à Madrid, puis à Séville, après l'occupation de Madrid par Joseph. Le vieux comte de Florida Blanca en fut président jusqu'au 28 décembre 1808, date à laquelle il mourut « chargé d'années et accablé de souffrances de corps et d'esprit. On lui fit de pompeuses funérailles et on lui rendit les honneurs d'Infant de Castille. Il fut remplacé dans la vice-présidence par le marquis d'Astorga, grand d'Espagne, que sa conduite politique, son caractère honorable et sa naissance illustre rendaient digne de cette haute distinction. »

V. Toreno : *Op. cit.*, t. II, p. 176, et aussi de Pradt : *Op. cit.*, Préface, p. XXII-XXIII.

(2) Il s'agit de la célèbre entrevue d'avril-mai 1808 au cours de laquelle Napoléon Ier obtint de Charles IV et de Ferdinand VII la renonciation à tous droits sur la couronne d'Espagne.

Voir de Pradt : *Op. cit.*, p. 385-392.

m'associer autrement que par de vœux à la juste cause que défend la nation, et aussi en faisant connaître aux indigènes de la Régence l'horreur de l'action qui a provoqué la résistance et surexcité le loyalisme des Espagnols. Je n'exagère pas en vous disant que le bey, les grands seigneurs et tous les indigènes ont éprouvé, en voyant en Espagne tant d'actions si belles et si glorieuses, une sensation aussi agréable que s'il s'agissait de leur propre salut.

Soler termine en assurant le président de la Junte que, sans savoir encore de quel chef suprême il aura l'honneur de dépendre, il s'efforce d'unir ses vœux à ceux de toute la nation, suppliant qu'on lui envoie les ordres nécessaires et indispensables pour lui servir de guide dans l'accomplissement de sa mission.

Au Président de la Junte Suprême de gouvernement à Madrid

Tunis, le 9 octobre 1808.

Soler suppose que le Président a reçu quelques-unes des lettres qu'il a adressées, par des voies différentes, Mahon, Marseille, Alicante, à don Pedro Cevallos.

— J'attends, dit-il, de nouveaux ordres. J'ai fait connaître au Ministre d'Etat que le corsaire espagnol *Il Buen Vasallo*, armé à Mahon, commandé par le patron Francesco de la Torre, a pris et conduit à Sfax, port de la Régence, les embarcations suivantes :

La tartane anglaise *Oloferna*, capturée le 28 juin;

Une autre tartane anglaise capturée le 2 juillet, sans son équipage, ni ses dépêches;

Un brigantin anglais, le *Galateo*, pris le 3;

Une bombarde anglaise, le *Calipso*, prise le 4;

Ledit corsaire espagnol étant de nouveau sorti a pris, conjointement avec un corsaire français, deux bateaux portant pavillon de Jérusalem, à destination de Malte.

J'ai aussi donné avis qu'une autre polacre, portant pavillon de Jérusalem, prise le 27 juillet, est arrivée, et que le corsaire espagnol *El San Sebastian*, armé à Mahon, commandé par le patron Miguel Soliveras, a également conduit à Tunis une bombarde sarde qui fut prise le 18 du même mois, à la sortie de Malte.

Conformément aux intentions du Gouvernement et en accomplissement des obligations qui m'incombent, j'ai remis copie des dépêches trouvées sur ces prises, en demandant des ordres précis sur la conduite à observer en pareille circonstance avec des barques neutres.

Tandis que l'on procédait, au Consulat, à la vente aux enchères publiques des marchandises qui composaient la cargaison des bateaux anglais capturés — que faute de nouvelles politiques je considérais comme ennemis et sujets à confiscation, selon les instructions contenues dans vos lettres précédentes — arriva fort à propos de Malte une barque anglaise apportant la nouvelle de la suspension des hostilités entre l'Espagne et la Grande-Bretagne.

Le consul anglais me communiqua aussitôt l'avis qu'il en avait reçu et en même temps réclama les embarcations et les marchandises anglaises prises et conduites ici par les corsaires espagnols. (1)

Considérant que sans l'autorisation du gouvernement dont j'ai l'honneur de dépendre je ne devais pas donner de solution à cette affaire, je répondis dans ce sens au consul anglais, en ajoutant que, par prudence, jusqu'au moment où je recevrais les ordres de Votre Excellence, je retiendrais en dépôt la cargaison des bateaux anglais, prêt toutefois à me conformer immédiatement à tout ce qui me serait ordonné à ce sujet.

(1) L'initiative du rapprochement avec l'Angleterre partit de la Junte insurrectionnelle des Asturies.

Le 30 mai 1808, deux commissaires de la Junte, don Andres Angel de la Vega et le vicomte de Matarossa, comte de Toreno, quittaient Gijon pour Londres. Arrivés à Falmouth le 6 juin, les députés espagnols se dirigent en poste sur Londres, avec un officier de la marine anglaise. Ils ont une entrevue avec le secrétaire de l'amirauté, M. Wellesley Pool, et, un peu plus tard, avec Canning.

Le 12 juin, Canning écrit aux députés : « Le roi m'ordonne d'assurer à Vos Seigneuries que Sa Majesté voit avec le plus vif intérêt la détermination loyale et courageuse de la principauté des Asturies pour soutenir contre l'atroce usurpation de la France une lutte en faveur de la restauration et de l'indépendance de la monarchie espagnole. Sa Majesté est également disposée à accorder toute espèce d'appui et d'assistance à un soulèvement si magnanime et si digne de louange. Le roi m'ordonne de déclarer à Vos Seigneuries que Sa Majesté est prête à étendre son appui à toutes les autres parties de la monarchie espagnole qui se montreront animées du même esprit que les habitants des Asturies. »

Le 15 juin, s'ouvre au Parlement anglais une discussion à ce sujet. Shéridan prononce un discours en faveur des insurgés espagnols.

Enfin, le 4 juillet, une déclaration solennelle de S. M. Britannique rétablit entre l'Espagne et l'Angleterre l'antique alliance. C'est cette déclaration dont le consul anglais à Tunis donne avis à Soler.

Le traité de paix et d'alliance fut signé le 9 janvier 1809. En vertu de cet acte diplomatique, l'Angleterre s'engageait à « assister les Espagnols de tout son pouvoir et à ne reconnaître d'autre roi d'Espagne et des Indes que Ferdinand VII et ses légitimes héritiers et successeurs reconnus par la nation espagnole ». Elle s'engageait en outre à fournir des subsides à l'Espagne pendant la durée de la guerre.

V. Toreno : *Op. cit.*, t. I, p. 183-186, et tout particulièrement t. II, p. 276-277.

Au Président de la Junte Suprême

Tunis, le 9 octobre 1808.

L'insatiable cupidité, passion prédominante à la Cour du Bardo, fait que le bey ne considère rien autre chose que ses intérêts et le but à atteindre. C'est ce puissant mobile qui le guide dans ses desseins. C'est le motif pour lequel il ne cesse de me tourmenter au sujet du remboursement des capitaux dus par l'ex-consul don Francesco Segui. (1)

Ni la situation politique actuelle de l'Espagne, ni les justes observations que je lui ai faites n'ont été suffisantes pour le décider à accorder un délai suffisant pour l'exécution des sages dispositions que vous aurez à prendre, si vous estimez qu'il convient d'en finir avec le fastidieux et interminable différend que nous avons avec la Régence.

Chaque fois que l'occasion s'en présente, le bey me rappelle immédiatement qu'il veut, sans plus de délais, au moins 40.000 pesos forts, et je dois supporter patiemment l'excès de son impatience et de son manque de réflexion.

Je ne dois pas vous cacher que si le bey voit qu'on ne le satisfait pas promptement, comme il l'espère, par l'envoi de 40.000 pesos forts, il est capable de se porter à quelque extrémité qui pourrait occasionner momentanément un grave préjudice à notre navigation et à notre commerce dans ces régions.

Si mon humble opinion avait quelque chance de recevoir votre approbation, je me permettrais de vous proposer d'accorder, dès maintenant, la sortie des laines que le ministre garde des sceaux a achetées à Alicante, libres de tout droit d'exportation, et que ceci vint en décompte de tout ce qui est dû au bey. (2)

Si l'état actuel du trésor royal ne vous permet pas d'effectuer quelque paiement effectif, je vous demanderai de rechercher d'au-

(1) Cette cupidité du bey Hamouda est signalée également par le consul de France à Tunis. (Voir PLANTET : *Corr. Beys de Tunis et Consuls de France*, t. III. Introduction, p. XI, LXV et passim.)

(2) Des ordres furent donnés en septembre 1809 par la Junte de Séville à l'Administration supérieure d'Alicante pour que les laines que les créanciers de M. Segui voudraient exporter de ce port fussent affranchies de tous droits de douane.

ROUSSEAU : *Annales Tunisiennes*, p. 267. Ce détail donné par Rousseau est confirmé par la lettre de Billon au comte de Champagny en date du 25 octobre 1809. (Arch. Min. Aff. Etr. — Corr. Consuls Tunis.)

tres moyens de vous procurer un équivalent des 40.000 pesos forts. Il serait alors beaucoup plus facile de le faire patienter pour le remboursement des sommes restant dues à son ministre garde des sceaux, à Hadji Younès ben Younès [1] et à ses autres sujets.

Soler ajoute que ses observations n'ont d'autre but que d'être utile dans la mesure de ses moyens à l'Etat et au Roi.

Au Président de la Junte Suprême

Tunis, le 9 octobre 1808.

Le système invariable de ce gouvernement, de s'emparer des richesses que, par tolérance, il laisse s'accumuler entre les mains de quelques personnes, lui suggère des moyens infaillibles pour réaliser ses projets de manière à conserver quelque apparence de droit.

Un des moyens les plus efficaces est celui relatif aux revenus des douanes de la Régence. Sous prétexte de favoriser quelques riches particuliers, le bey leur cède les douanes moyennant un prix annuel qui n'est pas moindre de 250.000 piastres, [2] en basant ses calculs sur ce que peuvent donner les entrées, d'après les apparences de l'état politique de l'Europe.

C'est ainsi que pendant trois années, jusqu'au mois de septembre dernier, le caïd de Sfax, Mohamed Djellouli, sujet distingué que le bey ne perd pas de vue, a été le douanier. L'interruption du trafic des places de Marseille [3] et de Livourne [4] avec la Régence a réduit à presque rien les droits perçus à l'importation pendant les années

(1) Hadji Younès ben Younès était un notaire tunisien, homme de confiance du garde des sceaux, mais non garde des sceaux lui-même, comme le dit M. Plantet : *Op. cit.*, t. III, p. 481.

(2) Soit 150.000 francs, la piastre tunisienne valant 0 *fr.* 60.

(3) Cette interruption était la conséquence de la rigueur avec laquelle étaient appliqués les décrets relatifs au blocus continental. Le consul de France fait connaître au ministre Champagny par une lettre en date du 27 juin 1808 que les sujets du bey sont disposés à reprendre leurs relations avec Marseille sitôt qu'ils cesseront de craindre la confiscation à laquelle ils étaient exposés par la visite d'un corsaire anglais. Il demande donc une modification sur ce point au décret impérial du 17 décembre. (Plantet : *Corr. Beys Tunis*, t. III, p. 174, 177, 181, etc.)

(4) Livourne étant aux mains de la France, la situation était donc identiquement la même. Le commerce tunisien en souffrait beaucoup, car depuis de longues années les relations commerciales entre ce port et la Régence étaient fort développées. (Voir Paul Masson : *Histoire des Etablissements et du Commerce français dans l'Afrique Barbaresque (1560-1793)*, p. 91.)

passées, de sorte que le douanier a supporté des pertes considérables de ce seul chef.

Prévoyant qu'il allait se ruiner, il refusa au bey de prendre désormais à sa charge ce fermage, alléguant pour motif la cessation du commerce d'importation et, en outre, le préjudice subi du fait de ne pas percevoir les droits qui étaient auparavant obligatoirement payés par les sujets toscans, génois et les Grecs des Sept-Iles [1] qui maintenant prétendent acquitter le 3 % comme sujets français. [2]

Le bey, se voyant dans l'obligation de se charger de percevoir les revenus de la douane, a songé aussitôt aux moyens dont il pourrait user pour ne pas avoir à souffrir dans ses intérêts.

Le premier a été de déclarer au consul de France qu'il ne pouvait pas reconnaître comme sujets français les Grecs des Sept-Iles et que ceux-ci paieraient les droits de douane comme les sujets du Grand Seigneur, c'est-à-dire comme les Tunisiens.

Le second moyen, qui porte préjudice à tout le monde, fut d'annuler l'ancien tarif. [3] Les consuls d'Angleterre et de France lui ont fait

(1) Les Iles Ioniennes.

(2) Lettre du consul Devoize au comte de Champagny. Tunis, le 23 octobre 1807. Devoize résiste à la prétention du bey et de son grand douanier de faire payer 10 % de droits aux importations de Gênes. Les Génois sont devenus Français et ne doivent payer que 3 %. (PLANTET : *Op. cit.*, t. III, p. 172.) — Le Ministre l'approuve dans l'affaire des droits de douane imposés aux Génois. (PLANTET : *Op. cit.*, t. III, p. 173.) — Peu après le douanier se désiste de sa prétention de percevoir un droit de 10 % sur les marchandises provenant de la rivière de Gênes. (PLANTET : *Op. cit.*, t. III, p. 176.) — C'est alors qu'il avise le bey de son refus de prendre les douanes à ferme et que celui-ci se voit obligé de les faire régir pour son compte.

(3) Ce tarif avait été arrêté le 7 février 1753. Il fut augmenté dans une proportion qu'indique le tableau ci-dessous :

MARCHANDISES	Prix de l'ancien tarif			Prix actuel du Bazar servant au nouveau tarif		
Café	50	piastres	le quintal	200	piastres	le quintal
Sucre	28	—	—	100	—	—
Girofle	100	—	—	600	—	—
Cochenille	12	—	la livre	45	—	—
Draps londrins	75	—	la pièce	225	—	—
Fil	200	—	—	600	—	—
Fer en barres	12	—	le quintal	30	—	—
Laines d'Espagne	180	—	—	500	—	—
Mouchoirs de soie	12	—	la douzaine	21	—	—
Noix muscades	5	—	la livre	16	—	—
Papiers gris, 21 rames	20	—	—	50	—	—
Sucre en pain	35	—	le quintal	115	—	—
Salsepareille	1	p. 1/4	la livre	5	—	—
Safran	10	piastres	—	40	—	—
Souffre en canon	7	—	le quintal	15	—	—
Tartre	16	—	—	40	—	—
Verdet	100	—	—	400	—	—
Vermillon	320	—	—	900	—	—

PLANTET : *Op. cit.*, t. III, p. 177-178.

observer qu'ils n'avaient pas qualité pour consentir à une pareille innovation et qu'ils devaient attendre les ordres de leur gouvernement respectif.

Le bey a répondu qu'il ne contreviendrait à aucun article des traités de paix et qu'on ne percevrait pas plus que le droit établi, à savoir 3 % sur les Européens, mais évalué sur la valeur courante qu'avaient aujourd'hui les marchandises et non en se conformant au tarif ancien, dont les prix fixés pour chaque sorte étaient extrêmement inférieurs aux prix actuels, ce qui causait une perte injuste au fermier des douanes.

Et c'est ainsi qu'a été effectué le changement de tarif, et, en attendant, que l'on s'en accommode ou non, des ordres ont été donnés pour que les droits d'importation dans la Régence soient perçus de cette façon.

Etant donnée la teneur de l'article 25 de notre traité de paix, (1) stipulant que les Espagnols devront payer les mêmes droits que les Français ou que la nation la plus favorisée à Tunis, j'ai cru qu'il ne m'appartenait pas de protester ou de prendre parti dans la discussion à ce sujet que le bey a eue avec les consuls ci-dessus désignés.

Je me borne à vous faire connaître les intentions du bey et la façon dont elles sont déjà exécutées, vous priant de m'adresser des ordres sur la conduite à tenir en pareille occurrence.

Au Président de la Junte Suprême

Tunis, le 9 octobre 1808.

L'agent de la Banque Nationale de San Carlos à Gênes, don Angel Maria Gnecco, qui, par ordre de Sa Majesté, payait le traitement des consuls et des vice-consuls d'Espagne, m'a protesté la lettre que j'avais tirée sur lui pour le traitement qui me revient depuis le 1er décem-

(1) Ce traité fut signé entre l'Espagne et la Tunisie en janvier 1791. L'article 25 dit... Les Espagnols payeront, à Tunis, pour les objets qu'ils tirent d'Espagne, les mêmes droits que payeront les Français, avec la distinction entre les marchandises d'Espagne qui seront introduites sur des navires espagnols, pour lesquelles on devra payer autant de pour cent de droit de douane qui se payent par les marchands français quand ils importent des objets qui ne sont pas de France. De même on devra payer comme font les Français pour les marchandises qui ne sont pas d'Espagne et seraient importées sur des navires d'une autre nation. (Rousseau : *Annales Tunisiennes*, p. 473.) — Sur les conditions dans lesquelles ce traité fut signé par l'Espagne, qui fit à cette occasion un don de 250.000 piastres fortes au bey, voir Plantet : *Op. cit.*, t. III, p. 167 et 177.

bre 1807 jusqu'au 31 mars de cette année, en donnant pour motifs que les relations de l'Espagne avec l'Italie étaient interrompues, et que je me le tienne pour dit, à l'avenir.

Semblable réponse m'a été faite par Salomon Bairi, de Livourne, au domicile duquel était délivrée, par ordre de Sa Majesté, la gratification que l'on daigna accorder aux consuls de Tunis et chez qui était effectué le remboursement des dépenses extraordinaires faites par le Consulat général pour le service du roi.

Je vous prie de considérer que, bien que privé de ma solde depuis onze mois, j'ai regardé comme une obligation de faire face à toutes les charges du Consulat et d'aider les prisonniers de guerre, sans pouvoir éviter quelques dépenses extraordinaires pour le service du roi, dépenses dont vous trouverez l'énumération ci-inclus, avec les comptes du Consulat, et que vous approuverez je l'espère.

Tels sont les motifs impérieux qui me font recourir à vous pour vous supplier de porter remède aux inconvénients que m'occasionne le refus de la lettre de change que j'ai en ma possession par les places de Gênes et de Livourne. Il ne m'est plus possible de faire face aux dépenses du Consulat sans le secours de ma solde et de ma gratification.

Au Président de la Junte Suprême

Tunis, le 9 octobre 1808.

Le premier ministre, sahab-et-taba, désireux d'acheter des laines en Espagne, a résolu de remettre les fonds nécessaires en monnaie effective et par lettre de change. Je lui ai fait observer qu'il vaudrait mieux — et que pareille opération serait moins risquée — envoyer des denrées alimentaires dont il pourrait dépenser le produit à son gré.

Il a goûté l'expédient et, séance tenante, il a décidé de charger trois embarcations tunisiennes de blé et de fèves qui, au premier vent favorable, feront voile pour Alicante.

J'ai pris soin d'encourager les intentions commerciales du premier ministre de trafiquer en Espagne, dans le but d'obtenir, grâce à ses spéculations, qu'il mette un frein à son désir immodéré de remboursement du capital dû par don Francesco Segui, et en songeant aussi que ces denrées serviront à l'approvisionnement de notre patrie.

Au Président de la Junte Suprême

Tunis, le 15 novembre 1808.

Me répandre en éloges, que Votre Excellence a su mériter si dignement, pour lui montrer les sentiments d'admiration que sa loyauté et sa conduite héroïque m'ont inspirés et le contentement que j'éprouve en voyant que j'ai le bonheur d'avoir toujours pour chef Votre Excellence serait vouloir exprimer ce qui remplit mon cœur d'allégresse et ce que je pourrais difficilement expliquer à Votre Excellence.

Qu'elle daigne par conséquent recevoir ces simples mots et les considérer seulement comme un tribut de gratitude que je lui offre humblement comme à mon unique protecteur, à qui je dois mon emploi et qui, je l'espère, me continuera sa puissante protection.

A don Pedro Cevallos

Tunis, le 15 novembre 1808.

Devant informer la Suprême Junte centrale de gouvernement des faits relatifs au service royal dans la Régence, et ignorant, faute de nouvelles d'Espagne, la destinée de Votre Excellence, pensant accomplir mon devoir, je me suis décidé à communiquer directement avec le señor Président pour le mettre au courant de ce qui est survenu en ce pays, et je lui ai adressé mes lettres du 9 octobre, dont je vous envoie ci-joint le double.

A don Pedro Cevallos

Tunis, le 15 novembre 1808.

J'ai reçu une lettre du consul général de Sa Majesté dans la Régence de Tripoli-de-Berbérie, relative au brigantin *Messaoud*, portant pavillon du bey, pris et conduit à Sfax par le corsaire espagnol *Il Buen Vasallo*, patron Francesco de la Torre, ainsi que j'ai eu l'honneur de vous le dire dans ma lettre du 12 juillet dernier.

Voici le contenu de la lettre de Tripoli : « Comme suite à votre lettre du 20 juillet dernier, contenant les arrêts et condamnations du brigantin, sous pavillon et passeport tripolitain, pris par un de nos corsaires, et en vertu de ce dont vous me faisiez part, j'ai annoncé au bey que le vrai propriétaire l'avait trompé, qu'il n'avait pas ses papiers en règle, que vous l'aviez découvert depuis, que vous en aviez fait la preuve par la déclaration même du capitaine et des marins maltais qui étaient à bord et, en outre, par tous les documents que vous y avez rencontrés. Le résultat fut une juste condamnation comme bonne prise. Ce prince ne laissa pas de reconnaître la vérité du fait et, comme conséquence, voulut que tout se terminât tranquillement puisque tout s'était régulièrement passé.

« Je pense que vous avez donné connaissance de ce fait à notre chef, auquel j'ai aussi expliqué pourquoi j'avais donné à ce brigantin une patente et un certificat. »

A don Pedro Cevallos

Tunis, le 15 novembre 1808.

Ramadan Reis, qui commande la felouque tunisienne arrivée ces jours derniers d'Alicante, chargée de laines, a avisé le bey qu'on lui avait fait payer dans ce port un droit pour les provisions qu'il prit.

Comme dans les ports de la Régence on n'exige pas des patrons espagnols un droit quelconque pour les provisions qui leur sont nécessaires, ainsi qu'il est spécifié à l'article 9 du traité de paix (1) le bey m'a fait observer que les Tunisiens devaient jouir en Espagne des mêmes immunités.

A don Gerard Joseph de Souza, Tripoly

Tunis, le 27 décembre 1808.

Le consul de Sa Majesté à Alger, par lettre du 20 novembre dernier, m'a adressé un pli de service royal que j'ai reçu avant-hier, dans lequel se trouvent les instructions ci-jointes que je vous adresse par ordre de S. E. don Pedro Cevallos.

Je crois que ces instructions renferment le manifeste officiel sur les procédés de la France à l'égard de nos souverains, et les détails

(1) Article 9. — On donnera les ordres les plus sévères aux gouverneurs et aux commandants des ports et places de la Régence de Tunis de ne point exiger d'ancrage ni demander d'autre droit quelconque de ces bâtiments espagnols qui y entreront pour faire de l'eau ou pour prendre des provisions, et de ne point les molester.
A. Rousseau : Op. cit., p. 170.

des héroïques efforts de notre nation et de ses ministres, qu'il importe de faire connaître à tous les souverains tant à cause de l'honneur qu'en vue de nos intérêts. (1)

A don Pedro Cevallos

Tunis, le 29 décembre 1808.

J'ai reçu le 24 courant, par la voie d'Alger, le pli de Votre Excellence en date du 19 septembre dernier, contenant deux exemplaires du récit imprimé des perfidies dont a usé le gouvernement français pour parvenir à réaliser son intention d'usurper le pouvoir en Espagne, récit fait si dignement par Votre Excellence, témoin des étranges événements de Bayonne. (2)

J'ai aussitôt présenté au bey un des deux exemplaires. Il l'a accepté avec les plus grandes démonstrations de sympathie et m'a dit qu'il allait le lire, car il désirait savoir les moyens qu'avait employés

(1) Pendant qu'Arnoldo Soler témoignait ainsi, en toutes circonstances, de son attachement au gouvernement révolutionnaire constitué en Espagne pour la lutte contre les armées françaises, l'ex-consul Segui se tenait en relations très étroites avec le consul de France. Le 23 décembre 1808 il lui adressait une correspondance à destination de Marseille, le priant de la faire parvenir en même temps que la sienne, car elle était « très importante pour le service du roi Joseph ».

(Archives de la Résidence Générale de France à Tunis, carton des consuls étrangers, 1792-1836.)

Le consul Devoize transmet du reste à Segui, au fur et à mesure qu'il les reçoit, toutes les « gazettes ». Celui-ci l'en remercie chaleureusement (lettres du 2 mars et du 1er décembre 1808) et lui réclame souvent les « Moniteur » les « plus frais ». Quand il parle de Napoléon Ier, il l'appelle Sa Majesté le grand Napoléon.

L'ex-consul Segui est également en correspondance avec le général Beurnonville. Il a reçu, dit-il, une lettre du général en date du 23 juillet, « en quelle époque il ne savait pas encore rien de ce qui s'est passé à Tunis ». Et il ajoute : « Je serais très charmé de vous voir le moment qui vous sera le plus favorable pour me consulter au sujet d'une démarche que je pense faire auprès du roi Charles à Marseille. »

Malgré cela, il reste en relations officielles avec l'agent de la Junte, Arnoldo Soler, et le charge, conjointement avec M. Nyssen et M. Devoize, de faire des démarches auprès du bey afin d'obtenir les autorisations nécessaires pour quitter la Régence. (Lettres du 11 juin et du 21 juin 1808.)

(Arch. de la Résid. Gén. France à Tunis, carton des consuls étrangers, 1792-1836.)

(2) Il s'agit de l'opuscule de don Pedro Cevallos intitulé *Exposicion de los hechos y maquinaciones que han preparado la usurpacion de la corona de España.* (Madrid, 1808, in-4°). En 1811, une traduction française en fut publiée sous le titre d'*Exposé des moyens qui ont été employés par l'empereur Napoléon pour usurper la couronne d'Espagne, par don Pedro Cevallos, premier secrétaire d'Etat, et de dépêches de S. M. C. Ferdinand VII.* Publié à Madrid le 1er septembre 1808, et traduit par

l'Empereur des Français pour pouvoir chasser d'Espagne notre aimé souverain Ferdinand VII. (1)

L'impression que de tels procédés produisait sur le bey, tandis qu'il lisait le manifeste, ne peut se rendre.(2) En termes émus il souhaitait à notre auguste monarque d'être bientôt rendu à ses fidèles sujets et à la nation d'être aidée par Dieu dans sa juste cause, qui intéresse tant la tranquillité de tous les autres souverains.

Je dois ajouter que ce prince conserve les meilleures intentions de maintenir les relations d'amitié et de bonne harmonie avec la nation espagnole et qu'il n'a jamais été plus aimable. (3)

M. Nettement, ancien secrétaire de la Légation française à Londres, avec des notes historiques. A Paris, chez Petit, libraire, Palais-Royal, Galerie-de-Bois, n° 257. De l'imprimerie de L.-G. Michaud, rue des Bons-Enfants, n° 34, 2 avril 1814, brochure in-8° de 64 pages. (Bibliothèque Nationale, O. G., 811.)

Cet ouvrage, qui doit être assez rare, est cité très souvent par de Pradt dans ses *Mémoires historiques sur la Révolution d'Espagne*. (Paris, 3e édit., 1816, in-8°.)

« Le succès de ce livre fut prodigieux, dit de Pradt : les murailles de Londres furent couvertes de ses copies ; bientôt l'Allemagne et le Nord en furent inondés. »

De Pradt : *Op. cit.*, Préface, p. IX et X.

(1) J'ai reçu « le libelle de Cevallos », écrit Segui au consul Devoize, le 21 janvier 1809.

(Arch. Résid. Gén. France à Tunis, carton des consuls étrangers, 1792-1836.)

(2) Au cours de son récit des événements de Bayonne, Cevallos disait en effet : « La religion, la nature, l'honneur, l'amour de la patrie, tous les plus nobles sentiments devaient être foulés aux pieds : Napoléon remporte cet odieux triomphe ! L'Europe contemple avec effroi cet événement qui vient de se passer sous ses yeux et la postérité aura peine à le croire ! » (Trad. Nettement, p. 50 et 51.) Et plus loin : « J'ai fait connaître les moyens honteux dont l'empereur Napoléon s'était servi pour obtenir des membres de la dynastie régnante leur renonciation à la couronne d'Espagne..... (p. 59.) Je n'ai jamais compris qu'on fût capable d'autant de perfidie et de déloyauté ! Je n'ai jamais compris qu'un empereur, qui paraissait attacher quelque prix à la gloire, voulût ternir dans un seul jour, par le plus lâche des attentats, toute celle qu'il avait acquise par ses victoires ! Je connaissais bien son ambition démesurée, son caractère perfide, son mépris de tout ce que les hommes regardent comme choses sacrées, la religion, la foi des serments et celle des traités ; mais je ne croyais pas, qu'ennemi de sa gloire et de son repos, il voulût être lui-même l'artisan de sa perte, en provoquant une révolution qui devait le montrer à la France, à l'Europe et au monde entier comme le plus grand fléau de l'humanité.

« Oui, et nous osons le prédire, cette guerre sacrilège qu'il a suscitée tournera à sa confusion, les cabinets de l'Europe ouvriront enfin les yeux sur ses projets dévastateurs, et les peuples réunis ne formeront qu'un seul vœu qui sera commandé par le salut de tous, celui de sa destruction. »

Cevallos : *Op. cit.*, trad. Nettement, p. 63 et 64.

On juge de l'effet que devait produire cette prose sur l'esprit d'un souverain aussi fantasque qu'Hamouda. Aussi, il se détache de plus en plus de la France. Il a visiblement peur de Napoléon.

(3) Quelques jours auparavant, dans une lettre au comte de Champagny, le consul Devoize signalait que depuis les événements d'Espagne le bey s'était écarté « des égards qu'il avait constamment manifestés pour la France ».

Plantet : *Op. cit.*, t. III, p. 482.

Au Commandant militaire et politique de l'île de Minorque

Tunis, le 23 janvier 1809.

Je ne puis me dispenser de vous faire connaître que don Joseph Eymar, rentrant à Mahon avec un brigantin acheté ici par le patron Barthélemy Escudero, m'a causé beaucoup d'ennuis par son attitude et sa partialité à l'égard des Français, au moment où il se disposait à mettre à la voile.

A partir du jour où Eymar jeta l'ancre à Bizerte, il n'a cessé de s'employer à démentir les nouvelles favorables aux Espagnols, en écrivant directement au consul de France et en lui envoyant les plis qu'il apportait de Mahon à son adresse.

Le bey, comme du reste tous les gens de ce pays, s'intéresse fort à la juste cause que défend notre nation, et il y a également pour moi intérêt à me maintenir en son esprit et obtenir ses faveurs, en lui faisant connaître que l'Espagne triomphe de ses ennemis et de ses oppresseurs.

Or, la diversion que causèrent les nouvelles douteuses communiquées par don Eymar aux Français me le firent considérer comme suspect, par suite des renseignements favorables qu'il donnait relativement au désastre de l'armée de Dupont et à la capitulation de Junot en Portugal.

Je ne dois pas également vous cacher que, grâce à cet homme, les gens d'ici pourraient recevoir continuellement de pareils avis et des lettres par les embarcations venant de Mahon.

Tels sont les agissements si impolitiques de Eymar. Si j'en avise personnellement Votre Excellence, c'est dans le seul but de la prier de dissimuler en partie ces imprudences et de ne pas faire état de cette lettre privée. Elle n'a d'autre but que d'empêcher les partisans de la France dans l'île d'avoir la facilité d'écrire à ceux de la Régence par les embarcations espagnoles qui viennent à Tunis et d'éviter ainsi que l'on répande des nouvelles partiales et toujours destinées à contrarier les héroïques succès de notre patrie.

Pour obtenir ce résultat, il conviendrait, si tel est votre avis, de donner des ordres à tous les patrons qui se rendent à Tunis pour leur défendre de recevoir aucune lettre sans l'obligation expresse de la remettre au consul à son arrivée en cette ville. Elles seraient ensuite distribuées aux destinataires respectifs. Si l'on procède ainsi dans les autres consulats, on évitera qu'il y ait des lettres égarées, comme cela arrive si fréquemment à Tunis où les consuls ne prennent pas de semblables précautions. Je vous prie de me répondre sur ce point avec autant de franchise que j'en ai mis moi-même à vous écrire et de me donner les ordres nécessaires.

A don Pedro Ortiz de Zugasti, Alger

Tunis, le 18 février 1809.

En réponse à votre lettre du 20 janvier dernier, relative à la mission que don Jose Alonso Ortiz, consul général de Sa Majesté dans la Régence d'Alger, donna au consul de Tunis, don Francesco Segui, de payer 48 douros 1 5e à Joseph Fernandez de Oliveira, je vous informe qu'ayant communiqué cette lettre et copie de ce qu'elle contenait du capitaine-lieutenant de l'armée royale portugaise don João Alfonso Nito, audit don Francesco Segui, voici ce qui m'a été répondu :

« Peu de jours après qu'est parvenu à Tunis l'ordre de me retirer du Consulat, j'ai reçu une lettre que m'écrivait M. Ortiz, consul général d'Espagne à Alger, dans laquelle il me demandait de payer à Jose Fernandez de Oliveira 48 1 5 pesos forts, mais n'étant plus en exercice j'ai répondu audit consul Ortiz que je ne pouvais pas payer cette somme. »

Ce malheureux Oliveira est retenu comme esclave dans une propriété du bey, à quatre heures de distance de Tunis. Il y travaille avec d'autres captifs. Son sort mérite compassion, et si ses bienfaiteurs pouvaient m'autoriser à lui donner quelques secours, je vous promets de le faire avec plus de ponctualité et d'une manière plus satisfaisante que ne l'a fait don Francesco Segui.

A don Pedro Cevallos

Tunis, le 25 avril 1809.

Je pense m'acquitter envers vous d'un devoir en vous remettant les copies de quatre lettres que j'ai reçues vià Marseille, les trois premières le 2 janvier et la dernière le 11 mars,(1) lettres auxquelles je n'obéirai jamais et qui ne recevront jamais de réponse de ma part.

Ce faisant, j'ai conscience de mériter votre approbation pour ma résolution invariable.(2)

(1) Nous n'avons pu retrouver ces lettres dans les archives du Consulat de Tunis, mais il est permis de supposer avec quelque raison qu'elles contenaient des instructions du gouvernement organisé à Madrid par Napoléon Ier.

(2) L'ex-consul Segui écrivait au contraire à M. Devoize, le 2 janvier 1809 : « Si vous avez des nouvelles officielles de l'arrivée de notre roi (Joseph) à Madrid, vous m'obligerez de m'en informer pour ma tranquillité. »
(Arch. Résid. Génér. France à Tunis, carton des consuls étrangers, 1792-1836.)

A don Pedro Cevallos

Tunis, le 25 avril 1809.

Les nouvelles que répandent continuellement les Français d'incessantes victoires en Espagne, qui, au dire de leurs bulletins et gazettes, serait déjà conquise et pacifiée, jettent, dans l'esprit peu politique et toujours hésitant des Tunisiens, des doutes que tous mes efforts et toutes mes raisons convaincantes ne parviennent pas toujours à faire disparaître totalement.

Mes affirmations s'appuient uniquement sur les succès héroïques précédemment remportés par notre nation, sur l'amour constant et le courage qui l'anime, sur la possibilité indéniable qu'un royaume, comme l'Espagne, voulant son indépendance, sortira triomphant de son immortelle entreprise, malgré les petits revers subis au cours de la lutte. Telles sont mes objections aux continuelles intrigues des Français pour parvenir à insinuer dans l'esprit du bey que l'Espagne est soumise d'une façon certaine, positive, à Joseph Napoléon.

Comme fréquemment arrivent d'Italie et de Marseille des embarcations françaises, et très rarement des nôtres, il ne se passe pas de semaine que je ne me vois obligé de redresser, avec constance et fermeté, les innombrables exagérations répandues par nos ennemis; néanmoins, le bey, dont l'esprit est fortement impressionné par mes considérations, ne croit pas facilement toutes ces nouvelles et se persuade qu'elles sont fausses pour la plupart.

A mon humble avis, il conviendrait, pour détruire absolument l'effet des raisons futiles dont usent les Français pour dénigrer notre valeureuse nation, d'envoyer le plus promptement possible dans la région quelque vaisseau de guerre de notre flotte royale. Sa seule apparition suffirait à raffermir nos relations politiques avec la Régence, s'il est dans l'intention de Sa Majesté de maintenir la bonne harmonie qui subsiste présentement entre les deux pays.

A don Pedro Cevallos

Tunis, le 25 avril 1809.

Le bey et son ministre le sahab-et-taba ne cessent de manifester la plus grande impatience pour obtenir de Sa Majesté la garantie et le paiement des sommes qui leur restent dues sur la créance de don Francesco Segui.

Pour le bien du service royal, il serait convenable que vous daigniez me communiquer les sages déterminations de Sa Majesté à ce sujet; on éviterait ainsi les incidents pouvant naître de l'insatiable soif d'argent qui caractérise le gouvernement tunisien, ainsi que j'ai eu l'honneur de vous le dire dans ma lettre du 8 octobre 1808.

A don Pedro Cevallos

Tunis, le 25 avril 1809.

Je vous prie de considérer que, depuis le mois de décembre 1807, je n'ai reçu ni ma solde ni les gratifications que Sa Majesté m'a accordées quand elle a daigné me confier le service du Consulat général.

Pour pouvoir faire face aux charges indispensables de la Maison consulaire, il m'a été très difficile de me procurer un subside de 10.000 piastres fortes, qui m'ont été remises au change de 12 % par an.[1] Il me serait cependant impossible de continuer, et je me trouverais dans une situation déplorable, si votre bonté, à laquelle j'ai recours humblement, ne m'obtenait pas de Sa Majesté les secours nécessaires, si vous ne m'indiquiez quelque maison à Malte ou à Mahon qui puisse me payer ma solde, mes gratifications et la garantie des comptes de dépenses extraordinaires survenues dans ce Consulat depuis le 20 mai 1808 jusqu'au mois de février de cette année.

Le bey et le sahab-et-taba, informés que dans les prises faites par le patron Francesco de la Torre il y avait quelques casimirs, des cotonnades, des mouchoirs de poche, des percales, me manifestèrent le désir d'acheter quelques-unes de ces marchandises. Il m'a paru convenable de leur faire plaisir en leur cédant une petite quantité de ces marchandises et en les portant en compte des dépenses extraordinaires pour le Consulat; j'espère que ma conduite recevra votre approbation.

J'espère en la protection de Votre Excellence et compte sur une réponse favorable.

(1) Les consuls des nations européennes à Tunis, empruntant de l'argent au nom de leur gouvernement, ne trouvaient pas les fonds nécessaires à moins de 1 %, 1 1/2 % d'intérêt par mois.
PLANTET : *Op. cit.*, t. III, p. 261.

A don Pedro Cevallos

Tunis, le 25 avril 1809.

J'ai l'honneur d'adresser à Votre Excellence une lettre du R. P. administrateur de l'hôpital royal des Trinitaires espagnols [1] et une autre de don Josef Allegro, [2] agent de Sa Majesté à Bizerte, où ils exposent les misères de leur situation.

Je prends la liberté de solliciter votre intervention en faveur de ces personnes qui n'ont en rien exagéré la déplorable situation où

(1) Le R. P. Gabriel de Santa-Colonna, administrateur de l'hôpital royal d'Espagne, de l'ordre des P. Trinitaires chaussés de la Rédemption des Captifs, de la province de Castille.

Ayant fait cette démarche auprès de l'agent de la Junte centrale de gouvernement et ne recevant pas de réponse, le R. P. Gabriel s'adressa, quelques mois plus tard, à M. Billon, vice-consul de France à Tunis, et rédigea un rapport sur les conditions misérables dans lesquelles fonctionnait l'hôpital espagnol de Tunis. Billon transmit le rapport du religieux trinitaire au ministre des Affaires étrangères, le comte de Champagny, en le priant de solliciter de la Cour de Madrid un envoi de fonds pour le maintien d'un établissement consacré au soulagement de tant d'esclaves chrétiens. Faisant remarquer que par suite de la suppression de l'ordre de la Trinité à Madrid, il avait perdu tout espoir de recevoir à l'avenir les fonds nécessaires pour faire face aux dépenses qu'exige l'entretien de cet établissement, le R. P. administrateur exprimait l'espoir que Sa Majesté Catholique décrèterait les fonds nécessaires pour solder le déficit de 5.500 piastres d'Espagne et pour entretenir cet hôpital jusqu'au jour heureux de l'extinction de l'esclavage dans ces contrées.

(Voir l'ouvrage de Paul DESLANDRES : *L'ordre des Trinitaires pour le rachat des captifs*, 2 vol. in-8°, Paris, Plon-Nourrit.)

PLANTET : *Op. cit.*, t. III, p.

L'ordre des Trinitaires fut fondé au XIIIe siècle, par Jean de Matha, né à Faucon, en Provence, et Félix de Valois. Ils avaient pour but de racheter les chrétiens esclaves chez les Barbaresques. Jean de Matha vint en personne à Tunis avec ses premiers disciples. Il faillit être massacré par les indigènes musulmans et fut laissé pour mort dans une rue de Tunis. Les Trinitaires, malgré d'énormes difficultés, purent se maintenir en Tunisie jusqu'à l'expédition de Charles-Quint (1535). Les Espagnols créèrent quelques aumôneries militaires, mais de leur organisation religieuse il ne subsista, sous la domination turque, que les chapelles des Consulats d'Autriche et d'Espagne. Les Trinitaires continuèrent leur œuvre de rachat des captifs et l'un d'eux, le P. Ximenes, trinitaire espagnol, fonda à Tunis, en 1720, l'hôpital dont il est question dans cette lettre. Ils quittèrent définitivement Tunis en 1818, lors de l'abolition de l'esclavage.

(Voir Note de M. l'abbé BOMBARD sur *le Culte catholique en Tunisie*, dans l'*Indicateur Tunisien* (Lecore-Carpentier), 1901, p. 287-289, et Paul DESLANDRES, *op. cit.*, t. I, p. 135.)

(2) Don Josef Allegro était un ancien officier supérieur de l'armée espagnole. Son fils devint chef d'escadrons de spahis dans l'armée française et fut un compagnon du général Yusuf. Son petit-fils n'est autre que le général Allegro, gouverneur actuel de l'Arad, résidant à Gabès.

elles se trouvent. Le R. P. administrateur a à sa charge l'entretien d'une œuvre très utile pour l'humanité, qui sert d'asile à beaucoup de malheureux. Quant à Allegro, pauvre père d'une nombreuse famille, il n'a d'autre moyen que d'avoir recours à Votre Excellence, car il a déjà épuisé toutes ses ressources.

A don Pedro Cevallos

Tunis, le 5 mai 1809.

J'ai l'honneur d'informer Votre Excellence que, le 6 février dernier, j'ai reçu un ordre du roi par lequel il me charge de venir en aide à don Joaquin German, lieutenant-colonel de l'armée royale, chargé par la Junte de gouvernement de Valence de faire l'acquisition de fusils, pistolets et autres armes, et de lui faciliter la prompte exécution de sa mission.

Je désirerais beaucoup, en une affaire qui intéresse tant le service du roi et de la nation, faire preuve de zèle et de bonne volonté. Je me vois pourtant obligé de vous faire connaître l'impossibilité d'accomplir une pareille mission dans la Régence,[1] car il n'y a ici aucune fabrique d'armes, on en est très avare, et le bey lui-même se trouve dans la nécessité de demander en Europe les armes dont il a continuellement besoin pour équiper ses troupes et pourvoir aux nécessités de la défense de son royaume, toujours exposé aux guerres contre les Algériens.

A don Martin de Garay [2]

Tunis, le 27 juin 1809.

Le 14 courant est arrivé de Constantinople un kapidji-bachi de la Porte Ottomane pour notifier à la Régence l'élévation au trône du

(1) Soler adresse des lettres à peu près semblables au président de la Junte de Valence et à don Joaquin German, à Malte.

(2) Don Martin de Garay, né en Aragon vers 1760, intendant d'Estrémadure en 1808, mort en 1828, fut membre honoraire du conseil de la guerre, député d'Estrémadure à la Junte centrale d'Aranjuez, premier secrétaire général de la Junte, chargé par inté-

nouveau Grand Seigneur[1] et confirmer l'investiture de la Tunisie au bey.

On lut le firman au palais du Bardo, résidence du prince, avec la solennité et l'apparat accoutumés en semblables jours de fête chez les musulmans.

Le bey, désirant témoigner une plus grande considération au nouveau sultan, voulut organiser des réjouissances publiques et, entre autres choses, il envoya une troupe de musiciens dans tous les consulats, jouer devant le pavillon de chaque nation, coutume usitée seulement en ce pays quand on célèbre la ratification d'un traité.

A don Martin de Garay

Tunis, le 27 juin 1809.

Le 24 mai arriva à Bizerte une goélette américaine chargée de sucre, café, poivre, étain et toiles de Nankin, venant de New-York pour Palerme. Elle a été conduite ici par un chabèque corsaire français qui s'était basé pour la prendre sur la teneur du décret de Napoléon.[2]

Le 12 juin, le corsaire français sortit de Bizerte et rentra le 13 avec une autre goélette américaine chargée des mêmes marchandises que la première. Elle fut prise en vue de terre et pour le motif qu'elle avait fait escale à Cadix.[2]

Le consul des Etats-Unis[3] demanda au bey d'envoyer immédia-

rim des affaires d'Etat. Son codéputé était don Félix Ovalle, trésorier d'armée d'Estrémadure.

MALLADO : *Diccionario de hist. y geogr.*, p. 50.

TORENO : *Hist. del Levantamiento*, t. II. Appendice du livre VI, p. 16, édit. Madrid, 1835. *Lista de los individuos que compusieron la Junta*, etc.

TORENO (*op. cit.*, édit. Paris, 1838, t. I, p. 273) dit aussi que don Martin était intelligent, avait le travail facile, l'expérience des affaires et s'attacha, dès les premiers jours, au parti des Jovellanos (le parti libéral de la Junte).

(1) Mohamed Khan II, sultan des Ottomans, né à Constantinople en 1785, mort à Constantinople le 1er juillet 1839, succéda le 28 juillet 1808, à l'âge de vingt-trois ans, à Mustapha IV, neveu de Selim et son frère aîné, qui avait été renversé après la formidable émeute dans laquelle Selim III, le sultan déposé, avait trouvé la mort.

(2) Décret du 21 novembre 1806, relatif au blocus continental, interdisant à tout navire de faire escale dans un port anglais ou dans un port ouvert aux Anglais, en Espagne par exemple, où Cadix recevait assez fréquemment la visite de bâtiments portant pavillon des Etats-Unis.

(3) Le chargé d'affaires de la grande République Américaine était M. Coxe. Il paraît avoir entretenu des rapports cordiaux avec le bey et avoir été en hostilités plus ou moins déguisées avec le consul de France, suivant l'exemple des représentants de la Hollande, de la Suède, de l'Angleterre et de l'Espagne.

PLANTET : *Op. cit.*, t. III, p. 473 et 513.

lement des ordres à Bizerte pour qu'on l'informât des circonstances de cette prise. Beaucoup de Maures qui se trouvaient présents à l'affaire confirmèrent par leurs témoignages que le corsaire français avait violé la neutralité de la côte et remirent au bey une protestation le 23 juin.[1] En conséquence, le bey fit restituer la goélette américaine, malgré la forte opposition du consul français.

La nation française, détestée de tous les Tunisiens, n'est pas moins odieuse au bey, mais le caractère pusillanime de ce souverain le portant à vouloir temporiser, sa conduite politique est souvent douteuse et versatile.

Au début de l'année précédente, le gouverneur anglais de l'île de Malte se plaignit vivement au bey que les corsaires français infestaient le littoral tunisien, demeurant dans les ports et les rades jusqu'à ce qu'ils fussent avertis de l'arrivée ou du départ des embarcations maltaises qui faisaient le cabotage, pour les assaillir, les prendre et les conduire ici, où elles étaient ensuite vendues aux enchères publiques.

Le bey, reconnaissant que les choses en étaient arrivées au point de compromettre ses bons rapports avec la nation anglaise, donna les ordres les plus sévères pour empêcher de pareilles choses et défendit absolument que l'on vendît sur ses domaines les prises anglaises amenées par des corsaires français. Il avisa aussitôt le gouvernement de Malte de sa résolution et en fit immédiatement application au sujet de deux prises conduites par un corsaire français qui dut leur donner pour destination les ports de France.

Cependant, le mois dernier, le bey a été en contradiction avec lui-même en permettant de vendre une prise anglaise à Bizerte. Bien qu'il prétende en cette occasion n'avoir pas dérogé à la loi qu'il s'est imposée, néanmoins, il s'expose imprudemment, pour favoriser les intérêts particuliers de ses favoris, au ressentiment d'une nation qui a tant de moyens de se faire respecter et qui peut-être ne tolérera sous aucun prétexte des transgressions semblables.

(1) Déjà en décembre 1808, le secrétaire italien du bey, Mariano Stinca, avait écrit au consul de France pour lui signaler que les corsaires français n'avaient pas d'égards à la neutralité du pays. Le consul répondit aussitôt que les Français avaient toujours respecté la neutralité des ports tunisiens et que l'on n'en pourrait pas dire autant des Anglais, mais que le bey observait les plus grands ménagements envers l'Angleterre et fort peu envers la France.

Plantet : *Op. cit.*, t. III, p. 475.

A don Martin de Garay

Tunis, le 27 juin 1809.

Parmi les nombreux restes des monuments anciens qui existent dans ce pays et que le bey ne cesse de faire démolir jusqu'aux fondements, afin de se servir des pierres pour construire des mosquées et des maisons de campagne, on découvre fréquemment des statues, des pierres, des inscriptions et autres fragments précieux qui, s'ils ont résisté à tant de siècles, ne restent pas longtemps intacts entre les mains des indigènes, ceux-ci préférant en user pour leurs constructions que de veiller à leur conservation.

Récemment, dans l'enceinte de La Goulette, au milieu des ruines des forteresses que fit édifier l'empereur Charles-Quint, on a déterré des blocs de marbre fin sur lesquels le bey voulut aussitôt avoir une explication. Il me confia la charge de les déchiffrer, ce que je fis à sa satisfaction. Je vous envoie ci-joint copie du texte. Il ne m'a pas été possible d'obtenir du bey ces pièces, qui témoignent de la dépendance dans laquelle se trouvait le pays et qui réveillent en lui un humiliant souvenir.

A don Martin de Garay

Tunis, le 3 août 1809.

Soler lui envoie copie de l'enquête relative aux dettes contractées par don Francesco Segui.

« L'impatience du bey, qui veut être remboursé, est arrivée à un tel point que je ne pourrai plus, ajoute-t-il, continuer plus longtemps à le calmer par mes observations, qui sont mes seuls moyens de persuasion. »

Soler termine en signalant que certaines pièces manquent dans le dossier, « car elles furent établies, à cette époque, à la Chancellerie de France, et depuis lors tous rapports ayant cessé avec le consul de cette nation,(1) il m'a semblé qu'il ne serait pas convenable de lui demander des extraits de ces écrits. »

(1) Le 19 août 1809, l'ex-consul d'Espagne Segui accusait réception au vice-consul de France Billon d'un certificat qui lui avait été délivré par M. Devoize et ajoutait : « J'aurais désiré qu'il eût fait quelque mention au sujet de ma fidélité pour Sa Majesté le roi Joseph et de ma conduite, particulièrement depuis le moment que j'appris son avènement au trône d'Espagne, sans que j'aie jamais changé. »

(Arch. Résid. France à Tunis, carton des consuls étrangers, 1792-1836.)

A don Martin de Garay

Tunis, le 3 août 1809.

Don Joseph Eymar, domicilié à Mahon, frère du vice-consul de France dans cette île, est arrivé ici au mois d'octobre 1808, avec un passeport; il se conduisit d'une façon si équivoque durant son séjour à Tunis, jusqu'au mois de février de cette année, qu'il me parut convenable d'en aviser le gouverneur de Majorque. J'ai l'honneur de vous adresser ci-joint copie de ma lettre, de la réponse du gouverneur et de la réponse que j'ai faite moi-même à cette lettre. J'espère que ma conduite aura votre approbation.

Avec le chabèque espagnol *Il Buen Vasallo,* patron Francesco de la Torre, arrivé de Mahon le 17 du mois dernier, après six jours de navigation, sont arrivés six individus portant les noms suivants : M. Joseph Foucas, don Juan Saviña, don Carlos Schoulen, Joseph Domingo, Domingo Costa, Pedro Tresier, commerçant français.

Les quatre derniers, à peine débarqués, se mirent à porter la cocarde française et recoururent à la protection du consul de cette nation. Il en a été également de l'émigré M. Joseph Foucas et de celui qui dit s'appeler don Juan Saviña; ils attendirent quelques jours et, à la première occasion, se déclarèrent Français.

J'ai cru qu'il était de mon devoir de vous signaler le fait, si peu important qu'il puisse paraître.

A don Martin de Garay

Tunis, le 3 août 1809.

Que Votre Excellence daigne considérer que ce n'est pas par indiscrétion mais par nécessité pressante que je réitère de nouveau ma supplique pour obtenir de Sa Majesté les instructions qui me permettent de percevoir, par une lettre de change, ma solde et mes émoluments divers. Je me trouve, en effet, dans l'état le plus malheureux que Votre Excellence puisse imaginer, étant privé d'un secours si indispensable et si nécessaire, depuis le mois de décembre 1807, dans un misérable pays où on ne trouve de secours qu'avec difficulté et encore en faisant les plus grands sacrifices.

A don Martin de Garay

Tunis, le 6 août 1809.

Le bey, voyant que par la barque tunisienne qui vient d'arriver d'Alicante je n'ai pas eu l'honneur de recevoir de Votre Excellence une réponse au sujet des dettes contractées par don Francesco Segui, m'a témoigné le plus grand ressentiment, et je ne dois pas vous cacher que son impatience en est surexcitée. Il m'a recommandé, de nouveau, d'exposer à Votre Excellence les raisons pour lesquelles on lui promit d'obtenir de Sa Majesté le remboursement des sommes en question, afin que Votre Excellence daigne en faire part à S. M. la Suprême Junte centrale.

Désirant faire diligence pour exposer à Votre Excellence où en est cette affaire, restée ainsi en suspens, je prends la liberté d'adresser ci-inclus à Votre Excellence copie de la dernière lettre que le roi Charles IV écrivit au bey à cette occasion. S. M. la Suprême Junte centrale ayant son attention occupée à des choses de plus haute importance, n'a pas pu, jusqu'à présent, sacrifier un de ses précieux moments, consacrés au bonheur des Espagnes, pour prendre connaissance de toutes les instructions et documents les plus essentiels qui ont rapport aux dettes de don Francesco Segui et aux réclamations du gouvernement beylical.

Soler ajoute que le bey ne cesse de se montrer très bienveillant et très partisan de la juste et héroïque cause que défend la nation espagnole.

A don Martin de Garay

Tunis, le 6 août 1809.

Par le reïs d'une polacre tunisienne qui arriva avant-hier d'Alicante, j'ai eu l'honneur de recevoir la lettre de Votre Excellence en date du 14 juin dernier. Informé des ordres de S. M. la Suprême Junte centrale, je les ai aussitôt accomplis ponctuellement, et j'ai la satisfaction de pouvoir faire connaître à Votre Excellence le bon effet qu'ils ont produit dans la Régence.

Qu'il me soit permis tout d'abord de dire à Votre Excellence que jamais le bey n'a eu la faiblesse de permettre aux corsaires français d'armer dans ses ports et de s'y procurer des bombardes et autres armes offensives. Ma conduite serait très coupable si j'avais caché à

Votre Excellence une infraction aussi manifeste à nos traités de paix! Ni le consul d'Angleterre, ni moi, nous n'avons eu connaissance des excès que le corsaire français a commis à l'égard de l'équipage d'un navire anglais, et il ne doit pas certainement s'agir d'un de ceux qui ont été conduits dans les ports de la Régence, car tous les prisonniers de guerre, aussitôt arrivés, ont été envoyés par les corsaires français au consul anglais, afin de donner lieu à un échange avec autant d'autres Français prisonniers à Malte.

Selon les traités de paix, les vaisseaux de guerre et les vaisseaux armés en course peuvent se réfugier dans la Régence, et il leur est permis, s'ils appartiennent à des puissances amies, d'y faire de l'eau et d'y prendre des vivres.(1) Aussi, dans les guerres précédentes, on voyait réciproquement les corsaires espagnols, anglais et français conduire et vendre leurs prises dans les ports tunisiens.

La notable infériorité des Français sur mer est la cause unique de l'abus qui s'est introduit parmi les corsaires de cette nation de séjourner longtemps dans les ports de la Régence, compromettant ainsi la neutralité du bey en se faisant accorder un refuge qui masque des visées intéressées.

Le gouverneur de l'île de Malte s'est plaint au bey, qui profita de l'occasion pour défendre que l'on vendît dans ses domaines les prises des corsaires français, ainsi que j'ai eu l'honneur d'en informer Votre Excellence par ma lettre n° 8 de cette année, ordonnant de les envoyer à destination des ports de France, où bien peu d'entre elles ont dû arriver, étant données les difficultés qu'elles avaient à échapper à la vigilance des navires de guerre anglais.

Les corsaires français, exaspérés par cette détermination du bey, ont abandonné pendant quelques mois le côtes tunisiennes qu'ils avaient infestées.

Mais, à la suite de cet ordre si formel, et alors qu'il était déjà en voie d'exécution, il arriva que quelques corsaires anglais violèrent complètement l'immunité des côtes de Sousse, Sfax et Porto-Farina, cette dernière localité située dans le golfe même de Tunis.(2) Ils s'em-

(1) Aux termes de l'article 3 du traité entre l'Espagne et la Tunisie, tout vaisseau de guerre ou marchand de l'une des deux nations se réfugiant dans le port de l'autre, à cause du temps ou pour quelque autre motif, devait y être bien reçu et traité et pouvoir, sans aucun empêchement, y faire ses provisions et acheter au prix courant ce dont il aurait besoin pour le vaisseau ou pour l'équipage.

A. Rousseau : *Op. cit.*, p. 160.

(2) Le vice-consul de France Billon porta plainte au bey à ce sujet et signala notamment l'agression des Anglais dans le port de Porto-Farina. « Ce prince m'a répondu, écrit-il au comte de Champagny, qu'il n'avait aucun moyen d'empêcher les armements

parèrent des embarcations françaises tirées à terre, en transbordant leurs marchandises, puis les remirent à flot, les chargèrent de nouveau et les envoyèrent à Messine et à Malte.

Ces incidents donnèrent lieu au consul de France de réitérer les plus pressantes réclamations de son empereur, en termes tels que le bey voulut éviter un conflit avec une nation qu'il déteste et qu'il craint.

D'autre part, le souverain a la faiblesse d'écouter les insinuations d'un de ses favoris grâce auquel les Français, à force d'intrigues, de promesses et de cadeaux, parviennent à obtenir certaines faveurs. Ce favori s'est efforcé de persuader au bey qu'il ne violerait pas les traités de paix et que le gouvernement anglais ne saurait se plaindre s'il permettait la vente d'une prise que conduisait à Bizerte un corsaire français, au commencement du mois de mai dernier, après s'en être emparé en haute mer. Il pensait ainsi calmer le ressentiment des Français au sujet des démarches réitérées du consul anglais et obtenir que la défense de vendre les prises reçût seulement exécution pour celles qui seraient faites en vue des côtes.

Ces jours derniers, un autre corsaire français a conduit à Bizerte une embarcation anglaise prise dans les parages de la Sardaigne, et le consul de France prit aussitôt ses dispositions pour procéder à la vente.

Aussitôt, j'ai communiqué au bey les ordres royaux de S. M. la Suprême Junte centrale que j'ai reçus avant-hier, afin de lui faire connaître la gratitude qu'il doit à l'Espagne, amie intime et alliée de l'Angleterre, et formant les mêmes désirs pour détruire et châtier l'ennemi commun. En conséquence, S. Exc. le bey s'est décidée à ne plus tolérer dans ses ports les corsaires français[1] et a donné les or-

anglais de tenir une pareille conduite..... Je lui ai répondu que tous les actes de déprédation que commettaient fréquemment les Anglais sur ces mouillages finiraient bien par tomber à sa charge. »

PLANTET : *Op. cit.*, t. III, p. 481.

Voir aussi la lettre du consul Devoize au comte de Champagny, écrite à la suite de déprédations exercées par les Anglais sur des bâtiments français dans les parages de Tunis.

PLANTET : *Op. cit.*, t. III, p. 483.

(1) Le consul de France constate, dans une lettre du 9 mai 1809, que les fréquentes apparitions à La Goulette des bâtiments de guerre anglais inspirent au bey « beaucoup de ménagements pour la nation anglaise ».

PLANTET : *Op. cit.*, t. III, p. 483.

Dans les instructions données au vice-consul Billon, au moment où il va partir pour la France, Devoize constate aussi que « le bey est dominé par l'influence anglaise ».

PLANTET : *Op. cit.*, t. III, p. 483.

dres les plus énergiques pour que, sous aucun prétexte, on ne puisse y vendre les prises, comprenant dans ses instructions la prise actuellement amenée à Bizerte, en sorte que le corsaire français doit la diriger sur quelque port français.

Les navires qui arrivent ici continuellement de Marseille, Gênes, Livourne et de Corse, tous bien pourvus de gazettes et bulletins, répandent dans les esprits faibles et peu politiques des indigènes certaines idées d'appréhension, inévitables chez les habitants d'un pays pacifique, de mœurs relâchées, de sorte qu'ils haïssent et redoutent en même temps un génie féroce et vindicatif comme est celui de Napoléon.

Si seulement nous avions des nouvelles d'Espagne plus fréquentes! si quelque bateau de guerre de la flotte royale paraissait sur ces rivages! sans aucun doute, l'héroïsme, la valeur, l'énergie de notre nation inspireraient à tous les indigènes plus de confiance, et il serait facile de persuader au bey — qui depuis son enfance ne peut souffrir nos ennemis et, dans toutes les occasions où il l'a pu, les a humiliés et contrariés — qu'il n'y a rien à craindre plus que la fausseté feinte et la pernicieuse amitié du gouvernement actuel, si ambitieux, des Français.

A don Martin de Garay

Tunis, le 17 septembre 1809.

Le 12 de ce mois arriva à La Goulette la tartane espagnole de 12 tonneaux la *Purissima Concepcion*, patron Jayme Flexas. Le patron m'informa qu'il avait fait voile de Mahon pour la Sardaigne et qu'une tempête le poussa à l'est du cap Bon, où il rencontra un brigantin de guerre anglais qui vint à son secours et lui permit ainsi de jeter l'ancre auprès de La Galipia, le 7 de ce mois.

Le jour suivant, cinq marins espagnols et un passager italien nommé Juan Luis Piratore s'en allèrent avec la barque à la plage pour pêcher des coquillages. Les bédouins de la région, déjà attaqués par les corsaires siciliens et sardes qui font continuellement des débarquements et enlèvent les troupeaux et les hommes qu'ils peuvent surprendre, s'imaginèrent que c'étaient des ennemis et, voyant cinq hommes seuls débarqués, marchèrent sur eux en tirant des coups de fusil. Ils atteignirent au bras le subrécargue Felipe Monbran, Majorquin, qui était resté dans la barque.

Nos hommes se jetèrent à la mer aussi vite qu'ils purent, et une barque du brigantin de guerre anglais s'en alla les recueillir. Le passager italien, qui ne savait pas nager, fut obligé de rester à terre, et les bédouins l'entraînèrent dans les montagnes.

Le commandant anglais prit à son bord le blessé et engagea le patron Jayme à mettre à la voile pour Tunis, où il viendrait faire part de l'incident, afin de sauver l'homme que les bédouins auraient pu sacrifier.

Dès que le bey fut informé de l'affaire, il envoya immédiatement quelques-uns de ses gens pour avoir des nouvelles de cet homme, et, entre temps, il me fit observer qu'il avait été d'une très grande témérité en débarquant sur une plage déserte où peu de jours auparavant un corsaire sicilien ou sarde avait coupé les amarres d'une goélette tripolitaine qu'il enleva, et pris les brebis et les bœufs des bédouins, tout disposés par suite à se venger.

Le 15, on m'avisa que Juan Luis Piratore avait été conduit au Bardo. Je me présentai au bey, déjà informé que ledit passager n'était pas Espagnol et qu'il se disait Milanais. Par conséquent, sous prétexte qu'il pouvait être marin à bord des corsaires ennemis, il me manifesta le désir de voir son passeport.

Le 16, je remis au bey le passeport de Juan Luis Piratore en lui disant que, bien que de nationalité italienne, comme il était embarqué sur un vaisseau de S. M. le roi d'Espagne, il devait jouir des mêmes droits et privilèges qu'un Espagnol.

Le bey ne trouvant plus aucun motif de répondre, me signifia qu'il avait l'intention de retenir cet homme, et qu'on lui avait même conseillé de séquestrer également le navire espagnol avec tout son équipage, l'assurant que le roi d'Espagne songerait alors à lui faire régler les dettes contractées par don Francesco Segui, au nom du roi et en sa qualité de consul général chargé d'affaires dans la Régence.

A un pareil projet, je ne trouvai à opposer que la réponse suivante: « Si Votre Excellence suit les conseils de ces gens malintentionnés, elle se montrera très injuste envers une nation valeureuse et s'exposera à son ressentiment et à son indignation. Maintenant que l'Espagne a recouvré son énergie, elle ne tolérera pas la plus petite violence ni infraction aux traités de paix, et pour en assurer l'exécution elle fera usage des nombreuses ressources dont elle dispose pour se faire respecter. Si Votre Excellence se portait aux excès qui lui ont été conseillés, ce serait le plus sûr moyen de ne rien obtenir de Sa Majesté: elle perdrait toute sa dette et les raisons qu'elle peut avoir de solliciter de sa justice le remboursement des sommes qui avaient été confiées à don Francesco Segui. Qu'elle considère l'importante guerre que soutient l'Espagne avec tant d'héroïsme, elle verra si elle est en état de protéger l'Afrique contre une invasion ! Ce ne serait pas la gratitude que de molester ses marchands et de les contrarier dans leur navigation et dans leur commerce. »

Mes observations furent prises en considération par le bey, qui protesta de la manière la plus solennelle qu'il s'efforcerait toujours de consolider l'amitié et la bonne harmonie avec la nation espagnole. Il ajouta qu'il n'avait guère prêté d'attention aux insinuations qui lui furent faites, si ce n'est dans l'intention que Sa Majesté ne négligeât pas totalement cette affaire et qu'elle considérât que depuis quatre ans et demi le remboursement de quarante mille piastres fortes était en souffrance, ainsi que la valeur de trois chargements de blé, alors qu'au nom du roi le consul don Francesco Segui promit qu'en peu de mois il aurait été payé ponctuellement.

Je lui ai persuadé qu'il y aurait plus de convenance et plus de certitude de succès si, en faisant valoir ses raisons, il témoignait plus d'égards et donnait des preuves nouvelles de condescendance quand il priait Sa Majesté de faire droit à son instance. C'était la manière la plus sûre d'obtenir de la justice et de la générosité de Sa Majesté une prompte et entière satisfaction pour toutes ses réclamations.

Toujours bien disposé en notre faveur, le bey me confia cette mission, et l'on doit uniquement attribuer à son impatience de recouvrer les sommes en litige la facilité que rencontrèrent quelques gens malintentionnés pour le persuader d'user de moyens violents.

Il me remit le passager Juan Luis Piratore en lui faisant restituer ses habits, et il agit de même pour les quatre marins qui s'étaient dévêtus avant de se jeter à la mer.

Je ne dois pas cacher à Votre Excellence que c'est la troisième fois que je parviens à éviter l'accomplissement des conseils pervers qui ont été donnés au bey pour l'amener à tenter de contraindre Sa Majesté, dans la pensée qu'il obtiendrait ainsi promptement le remboursement des sommes dont il demeure créancier. Le garde des sceaux lui-même m'a découvert toutes ses intrigues. Un médecin français (1)

(1) Il s'agit ici de M. Laurent Gay, d'abord médecin de la « nation française », puis « premier médecin du bey ». Les médecins exerçaient parfois une influence décisive à la Cour du Bardo. C'est ainsi que le docteur Louis Frank, d'origine belge, recommandé au consul de France par Talleyrand, en récompense des services rendus comme médecin à l'armée d'Egypte, fut peu après son arrivée à Tunis attaché à la personne du bey comme médecin et exerça sur l'esprit d'Hamouda un réel ascendant. Il reste de Louis Frank une description de la Régence de Tunis publiée dans *l'Univers* en 1832.

Cf. PLANTET : *Op. cit.*, t. III, p. 443, 495, 504, 505.

C'est un médecin napolitain, M. Ronchi, qui, d'accord avec le secrétaire du bey, Mariano Stinca, organise toutes les intrigues ayant pour but d'entraver le libre exercice de la pêche du corail par nos nationaux sur les côtes de Tabarca.

PLANTET : *Op. cit.*, t. III, p. 496, 497.

sert d'instrument pour insinuer au bey toutes ces propositions, en le persuadant qu'il favoriserait de cette façon la cause de don Francesco Segui.

En septembre 1807, le corsaire espagnol *la Sirena,* patron Antonio Barcelo, de Mahon, conduisit ici deux barques chargées de draps et de mousselines évalués à 20.000 pesos forts.

Don Francesco Segui, alors consul, consentit au séquestre de ces deux bâtiments qui ont servi d'acompte à ses dettes. Ce corsaire m'ayant été recommandé, je m'occupai de libérer ses prises et j'y parvins malgré le vice-consul, en faisant observer au bey que, par l'emploi de semblables moyens, il n'obtiendrait rien de Sa Majesté et que cela serait préjudiciable à ses intérêts.

Quand, au mois de juin, l'an passé, le corsaire espagnol *Il Buen Vasallo,* patron Francesco de la Torre, de Mahon, conduisit ses prises en ce port, le bey fut encore sollicité d'agir de la même façon, et je parvins encore à l'empêcher d'exécuter un pareil dessein.

Pourtant, jamais ce souverain ne s'était prononcé d'une façon aussi nette que cette fois-ci.

Telles sont les conséquences qu'a pour les affaires du service royal dans la Régence l'insolvabilité de don Francesco Segui.

Je me crois obligé de vous exposer toutes ces circonstances, en vous priant de me faire part des ordres que Sa Majesté daignera me donner pour le règlement de l'affaire dont il s'agit.

A don Martin de Garay

Tunis, le 17 septembre 1809.

Le 1er juin 1807, un corsaire anglais prit le brigantin espagnol *La Bona,* patron Francesco Sabater, de Mahon, ancré à portée du canon de la tour de Sidi-Daoud, située sur la côte de la Régence.(1)

Don Francesco Segui, alors consul général d'Espagne dans cette ville, eut recours au bey pour obtenir sa restitution. Ce souverain se décida à écrire au juge de la Cour et à la vice-amirauté de Malte,

(1) Dans le golfe de Tunis, en face de Carthage, sur le littoral du Cap-Bon, près d'une baie où se trouve aujourd'hui installée une des plus importantes thonaires de la Méditerranée.

L'acte du corsaire anglais était accompli en violation de l'article 3 du traité du 22 juin 1762 passé entre la Grande-Bretagne et la Tunisie et stipulant que tout vaisseau d'une nation chrétienne en guerre avec l'Angleterre ne pourrait être pris s'il était à portée de canon du rivage tunisien.

qui, malgré ses réclamations, déclarèrent de bonne prise le brigantin espagnol. Le patron Francesco Sabater, envoyé à Malte, revint au mois de juillet 1808 sans avoir obtenu la restitution de son embarcation.

Je me présentai alors au bey pour qu'il fit bénéficier le patron espagnol de la valeur de son bateau et de son chargement, lui disant que nous ne voulions avoir affaire qu'à lui seul et lui rappelant le succès de son reïs Caracachan qui, ayant été pris en juin 1800 par un corsaire français aux abords immédiats de la côte de Majorque, Sa Majesté voulut condescendre à lui rembourser la valeur de ladite embarcation.

Le bey consentit immédiatement à cet acte de réciprocité, mais le patron Francesco Sabater, désirant aussi être indemnisé de beaucoup de dépenses et de pertes de temps, et des consultations prises à Malte, le supplia de lui confier de nouvelles dépêches pour don Raymond Carcas et de le constituer pour son agent à Malte, lui donnant la faculté d'en appeler à Londres.

A don Martin de Garay

Tunis, le 17 septembre 1809.

Trois corsaires français donnant la chasse à un corsaire anglais le firent attaquer aux abords de Porto-Farina, le 20 août dernier, en le canonnant si près de terre que les boulets arrivèrent à la plage.[1]

Le consul d'Angleterre se plaignit vivement au bey, qui adressa une plainte au consul de France.

Les deux consuls, en présence du souverain, produisirent les actes qu'avaient mutuellement commis les corsaires des deux nations qui n'ont pas respecté la neutralité des côtes de la Régence.

Désireux d'éviter de semblables réclamations et de faire détruire les corsaires français sans que leur gouvernement puisse l'inculper de partialité, le bey déclara aux deux consuls qu'il n'entendait pas être responsable dorénavant des événements qui pourraient se pro-

(1) Trois années auparavant, lors d'un incident analogue, le consul Devoize fit restituer la prise anglaise et en avisa Talleyrand, en s'appuyant sur l'article additionnel du traité du 25 mai 1795 qui stipulait formellement l'immanité pour les golfes de La Goulette et de Porto-Farina.

PLANTET : *Op. cit.*, t. III, p. 461.

Voir le traité dans ROUSSEAU : *Op. cit.*, p. 508-509.

duire par le fait des corsaires, et que n'ayant pas de forces suffisantes pour faire respecter l'impunité dans son territoire il appartenait à la nation qui était la plus puissante sur mer de se faire rendre raison.

A don Martin de Garay

Tunis, le 17 septembre 1809.

Le consul de France à Tunis ayant obtenu la permission d'aller à Paris, s'est embarqué le 15 de ce mois sur une frégate marchande tunisienne qui, avec trois autres bateaux chargés pour le compte du ministre garde des sceaux, a fait voile pour Marseille sous la protection d'un chabèque corsaire.(1)

Le consul d'Angleterre a accordé un passeport audit convoi, le bey ayant pu obtenir de S. M. le roi d'Angleterre que toutes les embarcations portant pavillon tunisien chargées de denrées et de produits de la Régence ne seraient pas gênées dans leur trafic et leur navigation des ports tunisiens à ceux de France, ni à leur retour, s'ils l'effectuaient sans en rapporter des marchandises.

A don Martin de Garay

Tunis, le 17 septembre 1809.

Il y a quatre ans que le bey sollicita, par l'intermédiaire du consul de France, la permission d'acheter six mille fusils des fabriques de Versailles, montés à l'européenne, mais sans baïonnettes.(2)

Bonaparte consentit à lui donner satisfaction et, en conséquence, le consul de France fit effectuer la commission du bey. Celui-ci se

(1) La traversée fut très mouvementée et la petite flottille ne mit pas moins de cinquante jours pour gagner les côtes de France. Obligé de relâcher sur les côtes de Sardaigne, le vaisseau qui portait le consul Devoize fut, peu après avoir quitté l'île, assailli par une violente tempête et rejeté de nouveau sur le littoral africain, dans le voisinage de Bougie. De là, il parvint à gagner Mahon et n'atteignit Marseille que le 6 novembre, où il fut soumis à une quarantaine de vingt-huit jours.

PLANTET : *Op. cit.*, t. III, p. 183-185.

(2) Le consul de France en fit la demande à Talleyrand le 10 décembre 1806 et lui transmit le 15 du même mois une lettre de Hamouda-Bey à Napoléon relative au même sujet.

Le comte de Champagny répondit, le 30 septembre 1807, que les six mille fusils seraient expédiés, mais que le mode de paiement demandé par le bey n'était pas accepté.

PLANTET : *Op. cit.*, t. III, p. 169-170.

réjouissait déjà à la pensée d'être exempté des droits d'exportation, mais quand il vit qu'on les passait en compte, il refusa de payer. Aussi n'a-t-il pas encore reçu lesdites armes.

Cependant, récemment, un peu avant le départ du consul de Tunis, un accord est intervenu au sujet de cette affaire et, au retour des embarcations tunisiennes parties pour Marseille, le bey doit recevoir les six mille fusils qui lui coûtent 27 francs chacun, pris à bord.

Il pourrait se faire qu'en promettant au bey un ou deux pesos forts de plus pour chaque fusil on parvienne à le décider à les céder.

En supposant que cela vous paraisse convenable et que Sa Majesté m'autorise à traiter d'une affaire assez délicate pour compromettre les relations du bey avec la France, le meilleur moment pour agir serait avant que les embarcations tunisiennes venant de Marseille n'arrivent ici et ne débarquent les fusils.

Daignez donc m'envoyer, par les voies de Malte et d'Alger, car par Alicante je ne les recevrais pas directement, les instructions de S. M. la Suprême Junte centrale.

En ce qui me concerne, je ferai toute diligence pour arriver à une solution favorable de cette affaire qui peut être très importante dans les circonstances actuelles.

A don Martin de Garay

Tunis, le 17 septembre 1809.

Le 6 de ce mois, j'ai eu l'honneur de recevoir viâ Alger le pli de Votre Excellence du 26 juin dernier par lequel elle demande de l'informer à quelle classe de gens et à quelle nation appartiennent les assistés de l'hôpital des Trinitaires espagnols.

J'ai l'honneur de faire connaître à Votre Excellence que, sans distinction aucune de classe et de nation, on y admet les captifs malades, à l'exception des musulmans et des Juifs.(1) Actuellement, la

(1) Cette assertion se trouve confirmée par une lettre adressée le 30 avril 1713 au comte de Maurepas par le R. P. Serrano, administrateur de l'hôpital des Trinitaires. Il lui expose que les blessés et les malades français ont été soignés et guéris aux frais de l'hôpital et demande instamment que cet établissement soit indemnisé des dépenses qu'il a supportées de ce chef.

Le consul de France, Fort, propose d'accorder à l'hôpital une aumône de 2.000 livres en dédommagement des remèdes fournis. Le roi accorde 1.500 livres, tandis que le P. Serrano évaluait les dépenses faites à 18.505 livres. En même temps, l'agent français était prié d'accorder aux religieux espagnols et à leur hôpital de Tunis toute la protection qu'ils pourraient désirer.

PLANTET : *Op. cit.*, t. III, p. 385, 388, 390, 419.

plus grande partie des chrétiens esclaves sont Siciliens. Il y a aussi des nationaux de l'Etat romain, des Sardes, des Napolitains, quelques Grecs pris sous pavillon et passeport anglais. Le nombre total est de deux mille six cents environ.

Si toutes ces nations sont admises à se faire soigner à l'hôpital, cela tient à ce que cette œuvre pieuse a été fondée dans ces conditions mêmes, ainsi que le constate la cédule royale de nos augustes monarques, que je prends la liberté d'adresser ci-inclus à Votre Excellence, ayant un autre exemplaire dans les archives de ce Consulat général.

A l'exception des Espagnols, aucun marin malade des autres nations amies de la Régence n'est admis à l'hôpital.

L'observation de Votre Excellence en date de l'année 1804 est exacte et très sage. Depuis le moment où la paix a été conclue avec la Régence, celle-ci ne fait plus de captifs et l'Espagne n'en fait pas davantage. Mais on peut prendre en considération qu'il serait beaucoup plus coûteux qu'il n'en a été jusqu'ici de fonder un hôpital, si les circonstances qui actuellement le rendent inutile pour les Espagnols venaient à changer.

En 1800, quand, par un de ces excès auxquels ont l'habitude de se porter les beys de ce pays, un bateau espagnol monté par vingt-six Majorquins fut détenu et les hommes de l'équipage traités en esclaves pendant quatre années, c'est l'hôpital qui leur servit de domicile durant leur captivité.

Je prie Votre Excellence de me pardonner mes réflexions et de les attribuer à la pitié que m'inspirent les malheureux captifs. Ils ne rencontrent de soulagement à leur misère lamentable que dans cette œuvre pieuse où s'exerce la plus grande charité.

Que Votre Excellence daigne aussi me pardonner si je lui rappelle que le R. P. administrateur F.-Gabriel de Santa-Colonna fait appel à la puissante protection de Votre Excellence pour tenir les engagements qu'il a dû contracter afin d'entretenir l'hôpital pendant ces dernières années, durant lesquelles il n'a pu recevoir de secours à cause de la guerre que l'Espagne soutient si héroïquement contre les Français.

A don Martin de Garay

Tunis, 20 septembre 1809.

Le ministre garde des sceaux du bey a reçu des lettres de son agent don Luis Giano, lettres dans lesquelles il l'informe que Sa Majesté a daigné donner l'ordre au Ministère du Domaine qu'on ne perçoive pas à Alicante les droits sur les marchandises qu'il expédiera à Tunis, le montant en étant affecté au compte de la somme que doit percevoir le gouvernement du bey.

J'ai confirmé ce matin au bey et à son ministre la nouvelle que leur communique don Luis Giano, leur disant que Votre Excellence a eu l'aimable pensée de me faire connaître la bonté de Sa Majesté.(1)

Le bey en a été si touché qu'il m'a assuré de son désir d'écrire directement à S. M. la Suprême Junte centrale ces jours-ci, me disant que de cette manière il prouverait son inclination pour notre nation et les sentiments qui le poussent à maintenir la bonne amitié subsistant fort heureusement entre les deux gouvernements.

Tunis, 22 octobre 1809.

Soler adresse à don Martin, pour être transmise à la Junte centrale, la lettre du bey témoignant de ses bonnes dispositions et de son désir de maintenir la paix.

A don Alberto Megino, à Malte

Tunis, le 12 octobre 1809.

J'ai reçu votre aimable lettre du 10 août dernier, dans laquelle vous avez la bonté de me communiquer les agréables nouvelles que vous avez reçues de notre patrie aimée et où vous voulez bien m'assurer que vous me comptez au nombre de vos amis, en me donnant une preuve de votre satisfaction si complète par l'envoi de quatre exemplaires de votre opuscule contre *El Furioso*.(2)

Je ne trouve pas d'expressions suffisantes pour vous exprimer mon contentement et vous faire connaître la sensation que m'a causée le précieux cadeau que vous m'avez fait. Mille et mille remerciements!

Quel homme que ce « Furioso »! Quel tableau d'iniquités, et quel pinceau merveilleux le découvre à nos yeux! Notre époque, sans aucun doute, restera la plus mémorable entre toutes celles des siècles passés et des siècles à venir, tant pour avoir produit les plus héroïques efforts que les faits les plus atroces. Qu'y a-t-il que l'on puisse

(1) Soler avait, en effet, été avisé de cette décision gracieuse par un pli officiel que lui apporta d'Alicante la polacre tunisienne du reïs Hassouna Morali.

(2) Napoléon Ier. Nous n'avons pu retrouver cet opuscule ni à Tunis ni à Malte.

comparer au loyalisme des Espagnols? Quelles cruautés peuvent être mises en balance avec celles de notre « émule de Néron »!

Les Maures et les Turcs ont vite fait en leur langue une traduction de votre opuscule, et, encore qu'on les taxe de cruauté, eux-mêmes reconnaissent qu'ils sont de beaucoup inférieurs, même en cela, au monstrueux produit d'un pays qui se vante d'être le plus éclairé et le plus civilisé de l'Europe.

A don Alberto Megino, à Malte

Tunis, le 13 octobre 1809.

Le bey, qui admire beaucoup notre valeureuse nation et désire maintenir toujours avec elle des relations de bonne amitié, m'avait promis d'écrire et de reconnaître la Suprême Junte centrale au nom de Sa Majesté notre adoré Seigneur don Ferdinand VII.[1]

J'ai pensé que j'avais une occasion sûre de vous faire parvenir sa lettre par le bateau de guerre anglais, sachant qu'il y a continuellement de bonnes occasions à Malte pour l'Espagne.

(1) Pendant que Soler s'efforçait ainsi de brouiller avec la France le bey Hamouda en l'amenant à reconnaître la souveraineté de Ferdinand VII, auquel avait été substitué le propre frère de Napoléon, le Ministre des Affaires étrangères de l'Empire, comte de Champagny, s'inquiétant de cette active propagande, écrivait à notre consul à Tunis, le 21 juillet, une lettre datée de Vienne par laquelle il lui signalait que la Cour de Madrid ne pouvait obtenir aucun renseignement sur la conduite et les dispositions de ses agents consulaires à Tunis. Il le priait en même temps de lui transmettre avec impartialité les informations les plus exactes sur leur mérite, leur conduite publique et privée, et leur façon d'agir et de penser relativement aux changements survenus en Espagne. Cette lettre parvint à Tunis alors que le consul Devoize était déjà parti en congé. La réponse faite au ministre par le vice-consul Billon en signale l'existence et le contenu. Nous avons pu, grâce à l'obligeance de M. le Ministre des Affaires étrangères, prendre connaissance du texte de la réponse de Billon, signalée par M. Plantet (t. III, p. 481, n° 922). Notre agent s'étend assez longuement sur l'affaire Segui, sans donner du reste d'autres détails que ceux contenus dans la correspondance de Soler, si ce n'est que pendant la durée de sa détention au Consulat d'Espagne l'ex-consul ne cessa de protester de son attachement pour la France. « Sa famille, qui avait depuis quelque temps la faculté de sortir, assista à la fête que donna M. Devoize le jour de la saint Napoléon; M. Segui annonce hautement qu'il doit se rendre à Paris aussitôt qu'il lui sera permis de s'embarquer pour un port de France ou d'Italie. » (Voir document annexe.)

Quant à Arnoldo Soler, ajoute Billon, « il ne remplit ici d'autres fonctions que celles de consul du gouvernement de Séville; il fait régulièrement ses visites aux commandants des bâtiments de guerre anglais qui viennent à Tunis et, en même temps, il ar-

En conséquence, le bey m'a remis et très chaleureusement recommandé le pli ci-joint adressé à Sa Majesté. Il désire que cette lettre lui soit présentée par l'agent qu'il a envoyé à Alicante l'an dernier... Faites donc diligence pour la faire parvenir par les voies les plus sûres.

A don Alberto Megino, à Malte

Tunis, 18 décembre 1810.

Je ne voudrais laisser passer aucune des occasions qui se présentent d'ici pour Malte sans vous renouveler l'expression de l'amitié et de l'estime que je professe pour vous. Je ne doute pas que vous n'ayez reçu une lettre du 15 novembre dernier, et par conséquent j'attends avec impatience votre réponse et vos avis pour savoir de quels moyens je pourrais user pour obtenir, dans le plus bref délai possible, le remboursement de mes comptes et arriérés de solde, unique ressource dont je dispose pour subvenir honorablement aux frais de ce Consulat général et sortir de mon extrême dénuement.

J'ai continuellement l'occasion de faire des dépenses indispensables pour venir en aide à des prisonniers espagnols. En ce moment, par exemple, j'ai chez moi un capitaine d'artillerie et un lieutenant de dragons faits prisonniers de guerre lors de la reddition de Saragosse. De Nancy ils ont passé à Gênes sous des noms supposés, puis se sont embarqués de la même façon sur un petit bateau génois avec lequel ils sont arrivés ici dans l'état le plus déplorable. Ces deux bons Espagnols se sont embarqués avant-hier sur un bateau mahonnais à destination de Mahon.

Par la même occasion, j'ai sollicité de Sa Majesté qu'elle me fît la grâce de me faire connaître si elle payait entre vos mains ou tenait à

bore le pavillon sur sa maison, suivant l'usage établi en pareil cas entre les nations amies. Je ne communique nullement avec lui, et sa conduite à mon égard est conforme à celle de l'agent d'une puissance en guerre avec la France ».

Pour combattre les machinations de Soler, Billon est d'avis, avec Devoize, de proposer au ministre « de solliciter l'envoi d'un agent de Sa Majesté Chrétienne à Tunis. Son arrivée y produirait le meilleur effet et mettrait un terme à toutes les incertitudes dans lesquelles on s'efforce d'entretenir le bey sur l'occupation du trône d'Espagne par un frère de Sa Majesté Impériale et Royale, mais il serait bon qu'elle n'eût lieu qu'après la soumission d'Alicante et de Malaga, villes avec lesquelles l'échelle de Tunis a d'importantes relations de commerce.

(Arch. du Min. des Aff. étr., corr. des consuls de Tunis.)

votre disposition le montant de ma solde et des comptes du Consulat.

La nouvelle de la paix avec l'Autriche m'a causé la plus vive impression.[1] Toute la fureur du tyran se dirigera maintenant contre notre immortelle patrie. J'ai confiance dans la divine Providence de Dieu et dans la valeur et le patriotisme inébranlable des Espagnols pour repousser le monstre qui veut nous opprimer.

Si c'était vrai, ce que disent eux-mêmes les Français qui viennent de France, que les peuples, fatigués par les réquisitions, commencent déjà à se soulever contre l'auteur de tant de maux ! Nous ne savons ici rien de positif, si ce n'est l'arrivée à Paris de Napoléon, la réunion dans la capitale des rois de Saxe, de Bavière, Westphalie, et de Murat, et en outre qu'il ne s'agit pas pour l'instant que l'Empereur passe en personne dans la péninsule.

Les indigènes manifestent plus que jamais des sentiments hostiles aux Français. Quelques passages déjà traduits de votre opuscule, que j'ai présentés au bey, contribuent à faire déprécier une nation si souverainement cruelle et légère. Ici, comme partout où ils se trouvent, les Français ont un parti. Tous les Juifs, sans exception, sont leurs partisans acharnés et ceux d'entre eux qui se disaient Italiens se considèrent comme sujets français et portent la cocarde. Le bey, sous un prétexte quelconque, a fait donner une bastonnade bien appliquée à un Juif, ces jours derniers. Il les a tellement terrorisés en déclarant qu'il ferait brûler tous ceux qui porteraient un pareil signe distinctif en ce pays, que nous ne voyons plus un seul israélite avec la cocarde française et que beaucoup d'entre eux se sont empressés de porter celle de Villa-Diego.[2]

A don Martin de Garay

Tunis, le 24 décembre 1809.

Nos relations politiques avec la Régence sont toujours aussi bonnes, et les vœux de la nation tunisienne s'unissent à ceux de notre héroïque nation.

En général, les Juifs sont les plus acharnés partisans de Napo-

(1) En effet, non seulement la paix de Vienne enlevait à l'Autriche toutes ses provinces du sud et trois millions et demi de sujets, mais elle obligeait l'empereur François Ier à reconnaître tous les changements opérés ou à opérer en Espagne, en Portugal et en Italie.

(2) Malgré toutes nos recherches nous n'avons pu parvenir à savoir quel était le sens de cette expression.

léon. Beaucoup d'entre eux, d'origine italienne, ont pris ici la cocarde française, et le consul de France voudrait les protéger comme ses nationaux.

Le bey, informé de ses conversations et de ses agissements, s'exprima ainsi : « Les Juifs peuvent-ils donc aussi être Français et tenter de m'imposer quelque respect à leur égard ? »(1) Pour les corriger d'une pareille présomption, il voulait faire brûler vif un d'entre eux qui se présenta à lui avec sa cocarde, et ce ne fut qu'après force prières et supplications qu'il consentit à adoucir la peine en lui faisant appliquer trois cents coups de bâton qui le laissèrent pour mort.

Depuis lors, on ne vit plus de Juifs portant la cocarde française à Tunis.

A don Martin de Garay

Tunis, le 31 décembre 1809.

Le chabèque espagnol *Il Buen Vasallo* n'ayant pu effectuer son départ à cause des vents contraires, cela me procure l'honneur de pouvoir faire part à Votre Excellence que le 25 de ce mois s'est présenté au Consulat général le pilote don Juan Manuel de Maria, originaire de Cadix, qui pour pouvoir s'évader de Marseille, dit-il, dut s'embarquer sur un corsaire français avec l'intention de déserter à la première occasion favorable, ce qu'il a fait ce matin immédiatement après que le corsaire français eût jeté l'ancre à La Goulette.

De même se sont aussi réfugiés à la Maison consulaire, le 26 de ce mois, le marin Roque Quintano, de Mahon, avec le mousse Andrès Amaya, d'Algésiras, qui furent forcés, à Marseille, de s'embarquer à bord du même corsaire.

Sans perdre de temps ils ont passé sur le chabèque espagnol, avec lequel ils iront à Mahon.

(1) Le vice-consul de France, Billon, étant venu voir le bey à propos d'un Juif toscan, Léon Servadio, établi à Tunis depuis quelques années et inscrit comme Français, Hamouda lui répondit qu'il refusait de lui reconnaître cette qualité, et que pour agir ainsi il se basait « sur la loi adoptée anciennement chez toutes les nations en général, que les Juifs n'avaient proprement point de domicile, qu'ils étaient errants dans chaque pays et n'étaient citoyens nulle part ».

PLANTET : *Op. cit.*, t. III, p. 485.

A don Francesco de Saavedra[1]

Tunis, le 1er mars 1810.

Les apparences très favorables des terres ensemencées promettent cette année une moisson des plus abondantes dans la Régence. Si la guerre que soutient l'Espagne et les dévastations auxquelles se livre l'ennemi, partout où il peut, nécessitent la distribution de denrées alimentaires, notre pays pourra les recevoir en partie de Tunis, qui, par sa situation, peut permettre de profiter des moments favorables pour diriger les expéditions sur des points qu'en un court espace de temps il serait possible d'atteindre.

Poussé par le désir de servir mon pays, je prends la liberté de soumettre à Votre Excellence ces humbles réflexions.

A mon avis il serait beaucoup plus profitable de faire provision de blé en l'achetant en détail, quand les prix sont plus bas, et en l'emmagasinant jusqu'à l'arrivée des embarcations qui pourraient le charger. On éviterait ainsi beaucoup d'inconvénients, notamment celui d'avoir un temps déterminé, comme il est d'ordinaire stipulé dans les contrats d'affrétement, ce qui force à précipiter l'achat des denrées, et un autre non moins grand, celui d'acheter de seconde main à ceux qui revendent par spéculation.

A don Francesco de Saavedra

Tunis, le 1er mars 1810.

Le bey, informé des préparatifs qui sont faits à Alger et à Constantine pour engager de nouveau les hostilités contre la Régence, met

(1) Don Francesco de Saavedra, né vers 1740, fut nommé ministre des Finances en 1798, après la retraite de Godoy, sur la recommandation de Truguet, ambassadeur de France à Madrid, qui le qualifie de « ministre philosophe ». (*) M. Geoffroy de Grandmaison le traite « d'homme sans scrupules ». (**) Mais sa mauvaise santé l'obligea à renoncer à ses fonctions. Il fut remplacé, le 21 février 1799, par le chevalier d'Urquijo (***).

C'était un homme fort instruit et honnête. Il créa, pendant son court passage au ministère, la *caisse de consolidation des vales royaux*, qui, le 19 mars 1808, avait remboursé 193 millions de réaux de vales. Exilé en Andalousie par Godoy, il fut un des membres les plus influents de la Junte de Séville (instituée le 26 mai 1808). La Junte Suprême lui confia ensuite les Affaires étrangères.

(*) Geoffroy de Grandmaison : *L'ambassade française en Espagne pendant la révolution (1789-1804)*. Paris, Plon, Nourrit et Cie, 1892 ; 1 vol. in-8°, p. 145.

(**) *Op. cit.*, p. 151.

(***) *Op. cit.*, p. 163.

en état de défense les frontières de son royaume et tient sous les armes trois camps composés de troupes turques, de zouaouas ou mores et de bédouins. A la fin de la campagne, il les licencie et ils retournent dans leurs tribus errantes.

A don Francesco de Saavedra

Tunis, le 23 mars 1810.

J'ai fait part au bey de ce que Votre Excellence a daigné me communiquer sur l'ordre du roi, par ses lettres du 4 octobre et du 26 décembre derniers, concernant les sommes qui restent dues des dettes que don Francesco Segui a contractées dans la Régence. Il m'a chargé en son nom de faire part à Votre Excellence des expressions les plus vives de sa reconnaissance, vous priant instamment de les transmettre à Sa Majesté.

En même temps que je communiquais au bey les désirs de Sa Majesté d'opérer le règlement de cette dette aussi promptement que possible, je n'ai pas manqué de lui faire considérer les dépenses extraordinaires que fait la nation, par suite de la présente guerre, en le priant de modifier les réclamations qu'il pourrait faire au nom de ses sujets.

Connaissant le caractère de ce prince, je puis assurer à Votre Excellence que, satisfait de ce qu'il a obtenu et du succès de ses réclamations au nom de Hadji Younès ben Younès, il n'insistera plus pour ce qui est dû aux deux commerçants juifs Abraham Alhaïque et Léon Franchetti, avec lesquels on pourra arriver à un accommodement, en réduisant leurs prétentions et en obtenant des délais, ainsi que j'ai eu l'honneur d'en informer Votre Excellence dans une note qui traite de cette liquidation.

A don Francesco de Saavedra

Tunis, le 23 mars 1810.

J'ai été informé par un pli de Votre Excellence du 2 novembre dernier que Sa Majesté a pris un décret royal en date du 30 octobre, acceptant la démission de S. Exc. don Martin de Garay et nommant Votre Excellence premier secrétaire d'Etat et des Affaires étrangères.

Je considère comme une des plus grandes joies d'avoir l'honneur de dépendre d'un aussi excellent chef, aussi illustre et jouissant d'autant de crédit que Votre Excellence en raison des signalés services qu'elle a rendus constamment à la nation.

A don Francesco de Saavedra

Tunis, le 23 mars 1810.

Le pli de Votre Excellence en date du 2 novembre m'a informé que la Junte Suprême de gouvernement du royaume vient de nommer président le S. S. archevêque de Laodicea.(1)

A don Francesco de Saavedra

Tunis, le 23 mars 1810.

J'ai lu au bey le manifeste que la Junte Suprême de gouvernement du royaume adresse à la nation espagnole, fixant les époques de convocation et de réunion des Cortès générales du royaume.(2)

Votre Excellence m'avait adressé deux exemplaires de ce manifeste avec sa lettre du 3 novembre dernier. Ce manifeste a produit sur l'esprit du bey la plus vive impression, et il m'a prié de le lui faire traduire en italien, langue qu'il parle dans la perfection.(3) Ce matin même je lui en présenterai l'original et la traduction.

(1) L'archevêque de Laodicée était coadjuteur du cardinal de Bourbon, archevêque de Séville. Il fut plus tard évêque de Cadix. Il s'appelait don Juan de Vera y Delgado.

(2) Cette assemblée, qui centralisa les pouvoirs, siégea de septembre 1810 à décembre 1813. Elle fit une œuvre analogue à celle de notre Assemblée Constituante, en même temps qu'elle prenait les mesures nécessaires pour repousser les ennemis du sol national.

(3) Le bey parlait, en effet, la langue italienne très couramment et avait comme secrétaire « pour la correspondance italienne » un Napolitain nommé Mariano Stinca, qui paraît avoir exercé sur lui une grande influence.

PLANTET : *Op. cit.*, t. III, p. 413 et 496.

A don Francesco de Saavedra

Tunis, le 23 mars 1810.

Sous pli de Votre Excellence, en date du 25 octobre dernier, j'ai reçu la cédule royale par laquelle on me mande de conserver le décret déclarant la rupture des relations d'amitié qui unissent l'Espagne et le Danemark. (1)

A don Francesco de Saavedra

Tunis, le 23 mars 1810.

J'ai reçu les journaux que Votre Excellence m'a fait l'honneur de m'adresser, et j'ai été ainsi informé de l'état de la juste cause que défend si glorieusement la nation. Cela m'a permis de détruire les fausses nouvelles que ne cessent de répandre ici les Français et leurs partisans.

A don Francesco de Saavedra

Tunis, le 23 mars 1810.

Soler prie la Junte centrale d'agréer ses remerciements pour une gratification de 50.000 réaux.

A don Francesco de Saavedra

Tunis, le 23 mars 1810.

Informé par les plis de Votre Excellence des 23 et 24 novembre et du 26 décembre derniers que Sa Majesté avait daigné m'autoriser à

(1) La rupture avec le Danemark fut une conséquence de la guerre avec la France. En 1808, l'Espagne, alliée de Napoléon, a pour amies toutes les puissances amies de la France. Au mois de juin 1808, elle se met du parti de l'Angleterre; elle se brouille du même coup avec les alliées de la France. Elle se trouva avoir un grief spécial contre le Danemark, parce que cette puissance contrecarre de tout son pouvoir l'embarquement du corps espagnol de la Romana à bord des vaisseaux anglais.

Après Iéna, Napoléon avait exigé de l'Espagne un contingent de 15.000 hommes et l'avait envoyé en Danemark. Après la Révolution d'Espagne, on fit prêter serment au roi Joseph par les soldats, mais le marquis de la Romana conspira avec les Anglais et réussit à s'échapper avec les deux tiers de son corps d'armée à bord de la flotte anglaise. Soult et Ney le retrouvèrent en Galice en décembre 1808.

V. Toreno : *Op. cit.*, t. II, p. 62, 63 et suiv.

traiter avec le bey pour la cession des six mille fusils qu'il attend de Marseille, je suis assuré d'aboutir à un heureux résultat dans cette négociation, dès que lesdites armes auront été reçues.(1)

J'aurais déjà accompli cette mission si, par des mesures inattendues, dont j'ai fait part à Votre Excellence dans ma lettre du 1er décembre, les douaniers de Marseille n'avaient empêché la sortie de ces armes.

En attendant qu'arrive le jour désiré où je pourrai conclure cette affaire,(2) je ne perdrai pas l'occasion d'acquérir des fusils, même en petite quantité, et de les faire parvenir au consul de Sa Majesté à Malte, don Alberto de Megino.

Si l'importante raison de la guerre de cette Régence avec celle d'Alger n'existait pas, il serait beaucoup plus facile de les acheter ici-même, en plus grand nombre, et d'obtenir la permission de les exporter.

A don Francesco de Saavedra

Tunis, le 23 mars 1810.

Le consul de France traita avec le bey, il y quatre ans, le rachat des esclaves italiens dont les provinces ont été réunies au territoire français, lui promettant une double rançon pour les femmes et les patrons, qui avaient été délivrés et envoyés en France avant que l'on ait réglé le prix convenu.

Le gouvernement français, montrant alors sa désapprobation des offres faites par son consul, prétexta ne pas pouvoir faire ce paye-

(1) Voir la lettre du 17 septembre 1809 à don Martin de Garay.

Au mois d'août 1811, le bey s'obstinait encore à ne pas vouloir payer les droits de sortie de 5% à la douane française pour les six mille fusils obtenus de Napoléon Ier, « si bien que ces armes, achetées 162.000 francs, étaient abandonnées à Marseille, où elles étaient dévorées de la rouille ».

En août 1812, le reïs tunisien Hassan Morali arriva à Marseille pour prendre livraison de ces armes, mais on les lui refusa tant que les droits de sortie ne seraient pas acquittés. Enfin, après de nouvelles et longues négociations entre les gouvernements français et tunisien, remise complète des droits de douane fut faite à Hamouda-Bey qui reçut ses fusils en avril 1813. Sept années s'étaient écoulées depuis l'instant où la demande de munitions de guerre avait été faite par le bey à Napoléon Ier.

Sur cette singulière histoire des six mille fusils, la correspondance des beys et des consuls de France renferme d'intéressants détails.

Voir PLANTET : *Op. cit.*, t. III, p. 498, 499, 503, 504, 505, 507 et 509.

(2) Le consul d'Espagne ne parvint pas à donner suite à son dessein. Les six mille fusils restèrent dans la Régence.

ment au bey, lui promettant pourtant de s'occuper de cette affaire et de rechercher d'autres moyens pour lui faire avoir le complément de l'indemnité de rachat, dès que ses occupations le lui permettraient, et le priant de considérer entre temps la somme en question comme en dépôt.

Le bey, voyant que jusqu'à présent la progression de ses occupations a empêché le gouvernement français de lui régler ce reliquat de compte, que, tout en étant son débiteur, il ne lui a pas fait crédit pour les droits qu'il prétend lui imposer pour la sortie de six mille fusils par Marseille, que ses sujets sont en butte à des vexations par de nouvelles et énormes contributions contraires aux traités de paix, portant sur les dépenses de quarantaine, lazaret et visites, s'est avisé d'un de ses moyens habituels pour se mettre à l'abri de pareils procédés.

Deux corsaires français conduisirent à Bizerte, le mois passé, trois prises anglaises chargées de différentes marchandises, évaluées à 800.000 piastres en monnaie tunisienne. Les Français firent des cadeaux considérables au garde des sceaux et autres favoris pour obtenir la permission de pouvoir les vendre. Le bey, dissimulant ses intentions, faisant montre de condescendance, perçut le nouveau droit de trois pour cent sur la valeur des marchandises de prise, pour leur introduction. Les Français consentirent à ce sacrifice pour pouvoir vendre sans autre inconvénient leurs prises aux enchères publiques.

Un agent commissionné par le bey acheta alors les trois embarcations et leurs marchandises pour une somme de 150.000 piastres et se les fit remettre; puis, quand quelques jours plus tard ils réclamèrent leur dû, le bey répondit qu'il s'entendrait avec le gouvernement français et qu'il retenait cette somme en dépôt pour pouvoir opérer son règlement de comptes.

A don Alberto Megino, à Malte

Tunis, le 22 avril 1810.

Si des obstacles imprévus ont, jusqu'à présent, empêché le bey de recevoir les six mille fusils qu'il a achetés à Marseille, l'acquisition de ces armes pour le service de notre bien-aimée patrie n'en est que différée, car je suis bien certain que cette affaire aura une heureuse issue et que je les recevrai immédiatement du bey.

En attendant qu'arrive le moment désiré de pouvoir conclure cette importante affaire, je m'emploie, avec toute l'activité et la prudence nécessaire en pareil cas, à ramasser toutes les armes que je puis recueillir sans compromettre la neutralité de la Régence. Je n'ai pas manqué une bonne occasion d'acheter cinq cents sabres dont la majeure partie sont neufs.

Je considère comme certain l'apport de l'embarcation anglaise *La Virgen Annunciada*, patron Lorenzo Cassar, sans espérer l'arrivée ici puis le retour à Malte d'un brigantin de guerre anglais qui, dit-on, doit convoyer diverses embarcations de cette nation chargées de vous remettre quatre colis qui contiennent ensemble quatre cents sabres.

Vous recevrez ces jours-ci par une autre barque les autres sabres avec les trente fusils et peut-être un plus grand nombre de sabres que j'ai l'espoir de faire ajouter, car le patron Lorenzo Cassar m'a dit qu'il ne pouvait se charger de tout ce lot d'armes, sa barque étant petite et déjà très chargée.

Par la note ci-jointe vous verrez le prix des quatre cents sabres que je vous envoie et par l'autre barque vous recevrez le compte général de ceux déjà achetés et de ceux que j'achèterai encore, avec les petites dépenses que j'ai dû faire pour les expédier.

J'espère pouvoir également faire ces jours-ci l'acquisition d'un lot de plus de cent fusils..... Je ne puis me dispenser de vous faire observer que, faute de moyens, j'ai manqué l'acquisition d'un plus grand nombre de fusils, de sabres que j'aurais pu acheter tout d'un coup si j'avais eu l'argent nécessaire pour les payer.

Le commerce de Tunis avec Malte diminue sensiblement, et il n'est pas facile de négocier des lettres de change, même pour de petites sommes, dans les moments où cela pourrait être nécessaire; c'est pourquoi, si vous pouviez me faire l'avance de 3 ou 4.000 piastres, je ne serais pas, comme cela m'est arrivé, dans l'impossibilité de payer un plus grand nombre d'armes, qui me sont proposées.

A don Francesco de Saavedra

Tunis, le 30 avril 1810.

J'ai eu la satisfaction de ne pas avoir totalement manqué l'acquisition d'un lot de vieux fusils et de sabres neufs dont la lame a trois palmes de dimension, qui me furent proposés.

Si j'avais eu tout prêt l'argent nécessaire pour les payer tous, j'aurais pu m'assurer aussitôt la possession d'un millier de sabres et de deux cents fusils. J'ai déjà remis quatre cent trois sabres au consul de Sa Majesté à Malte, don Alberto de Megino, par la esperonade anglaise *La Virgen Annunciada*, patron Lorenzo Cassar, qui partit pour l'île le 22 de ce mois. Par une autre embarcation, qui mit ce matin à la voile pour la même destination, je lui fais parvenir cent sabres et trois cents fusils de guerre.

A don Francesco de Saavedra

Tunis, le 1er mai 1810.

Un corsaire français, à voile latine, a pris et conduit à Bizerte le brigantin espagnol nommé *Puerto Mahon*, patron Pedro Panedas, chargé de deux cent quatre-vingt-quatre balles de coton en rame et de cent dix barils d'huile, pour le compte du commandant anglais Wilson, qui mit à la voile le 18 du mois dernier, de Malte, avec un convoi escorté par un brigantin de guerre anglais, à destination de Mahon.

Le chargé d'affaires de France m'a fait offrir la liberté de l'équipage, à la condition d'avoir un reçu du patron et des marins qui puisse lui servir de base pour l'échange d'un pareil nombre d'hommes et du même grade, ainsi qu'il a coutume d'agir avec le consul anglais pour les prisonniers de guerre de sa nation qu'il détient.

Je me suis cru obligé d'accepter son offre et, aussitôt, il m'a envoyé le patron avec douze marins espagnols qui composaient l'équipage du brigantin pris. Je les ai embarqués pour Mahon sur la tartane espagnole *El Bienhechor*, patron Antonio Barcelo.

Un autre corsaire français a conduit à Tabarca un chabèque espagnol qui disait venir de Sardaigne avec un chargement de vin. En raison de la distance de ces parages à Tunis, je ne pourrai savoir avant quatre jours le nom du patron et d'autres détails. J'en ferai part à Votre Excellence immédiatement.

Les incidents seront fréquents si on n'avise à détruire le plus activement possible les corsaires ennemis qui infestent le littoral tunisien. Le gouverneur de Malte, pour protéger les embarcations de sa nation et des alliés qui font le commerce dans l'île, a fait croiser pendant quelque temps des brigantins de guerre au large du cap Bon, jusqu'à la pointe la plus occidentale de Bizerte, et depuis on n'a plus rien eu à redouter des corsaires français... Plusieurs d'entre eux ont été pris; les autres s'en sont allés pour éviter le même sort.

Mais les Anglais s'étant retirés, les corsaires sont revenus et occasionnent des dommages au commerce et à la navigation des deux nations. Si, par suite de l'abondante récolte de blé, déjà assurée, que l'on a à Tunis, le trafic de nos embarcations devenait cette année plus actif, plus grand, elles seraient très exposées, au cas où on n'aurait pas continuellement des brigantins de guerre en croisière dans cette mer.

C'est pourquoi je prends la liberté d'exposer à Votre Excellence les avantages qui résulteraient pour le commerce et la navigation espagnols si on jugeait convenable d'envoyer quelque vaisseau de guerre de la flotte royale pour protéger nos embarcations qui trafiquent en ces ports ou celles qui partent à destination de Malte et du Levant et viennent reconnaître le cap Bon, parage où se tiennent de préférence les croiseurs ennemis, au courant de cette particularité.

A don Martin de Garay (1)

Tunis, le 12 mai 1810.

J'ai l'honneur d'adresser ci-inclus à Votre Excellence la liste des marins qui composaient l'équipage du brigantin espagnol *Puerto Mahon*, patron Pedro Panedas, et celle de l'équipage du chabèque *Jesus Nazareno*, patron Guillermo Ferrer, pris par deux corsaires français qui les ont conduits dans les ports de la Régence.

J'ai embarqué l'équipage du brigantin sur la tartane espagnole du patron Antonio Barcedo, déjà prête à faire voile pour Mahon, en envoyant au commandant de la marine de cette île la liste des dépenses qui m'ont été occasionnées. L'équipage du chabèque, qui se compose surtout de Sardes, a été embarqué sur la polacre espagnole *Galateo*, patron Francesco de la Torre, qui fera voile dans quelques jours pour Cagliari.

J'envoie à Votre Excellence la note des secours que j'ai dû fournir à ces marins en la priant de m'autoriser à les passer au compte des dépenses extraordinaires de ce Consulat général.

(1) La rentrée de don Martin de Garay aux affaires fut probablement motivée par la maladie de Saavedra ou par quelque mission qui lui aura été donnée. Pour élucider la question il faudrait avoir une histoire de la Junte jour par jour. Il ne faut pas être trop surpris de voir don Martin de Garay revenir au pouvoir à si brève échéance. Le personnel change perpétuellement : parce que l'autorité est inexpérimentée et ne sait ce qu'elle veut et parce que les subordonnés n'entendent que comme ils le veulent, à leur fantaisie et à leur gré. Le gouvernement des Juntes, c'est l'arbitraire le plus parfait, c'est l'anarchie organisée.

A don Martin de Garay

Tunis, le 12 mai 1810.

On ne saurait évaluer les cadeaux que distribuent continuellement les Français au bey, à ses ministres et aux favoris pour se faire considérer en ce pays.[1] Mais cela ne leur vaut d'autre considération que la reconnaissance du moment, ce gouvernement-ci étant bien persuadé que sa seule situation outre-mer lui vaut ces attentions de l'Empereur des Français.

Le bey a déclaré dernièrement au chargé d'affaires du Consulat de France qu'il entendait se prévaloir du droit qui lui appartient de se faire céder aux enchères toutes les marchandises de prise, à sa convenance. L'application de ces principes entraîne des bénéfices considérables, car le bey, dès qu'il sait que le prix d'une marchandise vendue à l'encan peut laisser un gain assuré en la revendant ensuite à d'autres personnes, se la fait céder.

C'est ainsi qu'il obtint, en la prenant à un commerçant français, la barque et le chargement de blé d'une prise qui, au Consulat de France, se vendit à l'encan, et ce, malgré la résistance de ce commerçant. Le jour suivant, il vendit cette prise aux Anglais en gagnant 135 pesos forts sur sa valeur. C'est un sûr moyen de dégoûter les corsaires français de conduire leurs prises en ces ports, et un procédé de nature à laisser à nos marchands une plus grande sécurité.

A don Martin de Garay

Tunis, le 12 mai 1810.

Don Antonio L'embias, de Mahon, m'a remis deux pièces de drap blanc en me demandant de les lui faire vendre par l'entremise des crieurs du Consulat. Le bey l'a su et m'a fait écrire par son secrétaire la lettre que j'adresse à Votre Excellence, dans laquelle il me témoigne le désir d'avoir de ce drap.

(1) Quand Dubois-Thainville fut envoyé par le comte de Champagny pour inspecter le Consulat de Tunis, il apporta les présents suivants : Au bey, une montre d'or garnie de brillants, à soleil et à carillon, un yatagan à fourreau d'or massif, garni de pierres précieuses, un fusil, deux pistolets, une bague, une tabatière, une montre à sonnerie; à Mustapha Khodja, une montre à sonnerie, une tabatière, une bague; au kiaya de Porto-Farina, une montre, une chaîne et deux pistolets; au khaznadar ou trésorier, une montre, une chaîne et une bague : aux khodjas, au frère et aux neveux du bey, etc., des montres, bagues et tabatières; ces présents sont inventoriés pour 17.950 francs.

PLANTET : *Op. cit.*, p. 190.

Je n'ai pas cru convenable de lui en refuser une pièce d'une contenance de vingt-sept varas de quatre palmes et demie, et d'un prix total de 3.766 fr.

Je prie Votre Excellence de ne pas me faire supporter ce petit sacrifice et de m'accorder l'autorisation de les passer au compte des dépenses extraordinaires du Consulat.

A don Martin de Garay

Tunis, le 23 mai 1810.

Par ce même courrier, j'écris à Malte, au consul de Sa Majesté dans cette île, la lettre suivante :

« Très cher monsieur, par le schooner anglais *Rebecca*, capitaine Angelis, je vous expédie cent soixante-cinq sabres, en me félicitant que vous ayez déjà reçu les quatre cent trois que je vous ai adressés par le bateau *La Virgen Annunciada*, patron Victor-Lorenzio Cassar, et les trente fusils du chabèque anglais *The Velox*, patron Vicente Salomone.

« Par le patron espagnol Sebastian Badaro, qui ne tardera guère à pouvoir être prêt à faire voile à destination de Malte, je vous enverrai un colis de fusils, déjà tout ajustés. »

A don Eusebio de Bardaxi y Azara

Tunis, le 5 juin 1810.

Par le brigantin anglais « Eole », capitaine Michel Rossignaud, Soler a expédié au consul d'Espagne à Malte cent canons de fusils neufs provenant des fabriques de Marseille, soixante-dix-neuf autres déjà usagés et trente-cinq poignards.

Il traite avec un commerçant sicilien récemment arrivé de Palerme pour une fourniture de douze à quinze cents canons de fusils de guerre neufs, que celui-ci a à Messine, et il espère avoir la satisfaction d'annoncer ces jours-ci qu'il en a fait l'acquisition.

A don Eusebio de Bardaxi y Azara

Tunis, le 5 juillet 1810.

Il informe qu'il a pu acheter à un commerçant sicilien un lot de canons de fusils de guerre neufs; il les a reçus et les a fait remettre au nombre de mille trois cent vingt-six au consul d'Es-

pagne à Malte par la barque anglaise « Oloferne », capitaine Pablo Consiglieri. Il lui a également envoyé trois fusils de guerre, cinq pistolets, quatre sabres. Il espère que sa conduite sera approuvée.

A don Eusebio de Bardaxi y Azara

Tunis, le 5 juillet 1810.

Soler a été informé par lettre du 23 février dernier que Sa Majesté avait nommé comme consul général et chargé d'affaires dans la Régence don Nicolas Ruffo, marquis de Gaubert, qui apportera, outre les présents d'usage, une partie du montant des dettes de don Francesco Segui. (1)

Il a fait part au bey de la détermination royale, lui faisant valoir que Sa Majesté remplissait scrupuleusement les obligations qu'elle avait contractées.

Le bey lui a témoigné son estime et sa satisfaction, encore qu'il eût préféré que son commissionnaire à Alicante, don Luis Clano, eût perçu cette somme pour acheter des laines.

En attendant l'arrivée du consul général, il fera en sorte de disposer l'esprit du bey et de ses ministres pour qu'il soit reçu comme il convient à son rang et pour qu'on ne témoigne pas le dédain habituel à l'égard des présents consulaires, fait bien connu et qui a uniquement pour but de ne pas se montrer complètement satisfait.

Ainsi se terminera sa mission de consul intérimaire qui dure depuis le 31 décembre 1807. Il fait également remarquer qu'à la fin de ce mois il aura accompli dix-neuf années et demie de services ininterrompus en Berbérie.

« Arrivé au terme de tant d'années de service, ajoute Soler, après bien des incidents extrêmement pénibles, en des pays si misérables et si déshérités, j'ai souffert avec ma nombreuse famille les calamités de la faim, de la peste, la destitution des beys, les guerres civiles, la pauvreté... et pour achever ma disgrâce la mort de mon père, consul général, chargé d'affaires dans la Régence, décédé à cinquante ans, victime de ses fatigues.

« Ainsi j'ai passé ma jeunesse en cette résidence, au milieu de cir-

(1) Le marquis de Gaubert ne vint jamais prendre possession de son poste. M. Soler continua de gérer les affaires jusqu'au rétablissement des Bourbons sur le trône d'Espagne. A cette époque il fut nommé consul général à Tunis.
A. Rousseau : *Annales tunisiennes*, p. 267.

constances critiques, ayant toujours eu la douce satisfaction d'avoir mérité la plus complète approbation de Sa Majesté. »

Il conclut en disant que toutes les souffrances morales qu'il a endurées ont miné sa santé, et il demande un autre poste, hors de Berbérie, pour y terminer son existence en y servant avec zèle et amour le roi et la patrie. A Tunis, il ne peut instruire ses enfants qui perdent ainsi un temps précieux.

VU
le 2 novembre 1904
Le Doyen de la Faculté des Lettres
de l'Université de Paris :
A. CROISET.

VU
et permis d'imprimer :
Le Vice Recteur de l'Académie de Paris,
A. LIARD.

DOCUMENT ANNEXE

Lettre de Billon, vice-consul de France à Tunis, à Son Excellence Monseigneur le comte de Champagny, ministre des Relations extérieures à Paris.

Tunis, le 25 octobre 1810.

MONSEIGNEUR,

J'ai eu l'honneur de recevoir la lettre que Votre Excellence a écrite à M. Devoize, le 21 juillet dernier, datée de Vienne, par laquelle elle lui marque que la Cour de Madrid n'obtient aucun renseignement sur la conduite et les dispositions de ses agents consulaires à Tunis. Votre Excellence le prie, en même temps, de lui transmettre avec impartialité les informations les plus exactes sur leur mérite, leur conduite publique et privée, et leur façon d'agir et de penser relativement aux changements survenus en Espagne.

Je vais adresser une copie de la dépêche de Votre Excellence à M. Devoize, à Marseille, qui pourra rédiger ces renseignements avec plus de succès et plus d'exactitude et mieux remplir, par conséquent, le but qu'elle se propose. Mais je dois en transmettre quelques-uns à Votre Excellence, lesquels n'ayant eu lieu qu'après le départ de M. Devoize, ne peuvent être à sa connaissance.

J'ai eu l'honneur d'informer Votre Excellence, par ma dépêche n° 2, que le gouvernement de la *Junta* avait consenti à payer au bey une somme de 40.000 piastres fortes, pour acquitter des dettes contractées par M. Segui sous l'ancien gouvernement de Madrid. J'ai appris depuis que le bey avait signifié à l'agent de la *Junta* qu'il ordonnerait à ses corsaires de courir sur le pavillon espagnol, s'il ne s'empressait de faire éteindre la créance du garde des sceaux, et de ses sujets, envers M. Segui. Je ne puis garantir l'exactitude de cette menace, mais elle me paraît vraisemblable.

M. Segui avait emprunté de fortes sommes du garde des sceaux, de Sidi ben Younès et de divers particuliers, que l'on fait monter en totalité à près de 400.000 piastres de Tunis. Le bey ne voyant se réaliser aucune des promesses faites par ce consul d'acquitter en peu de temps une somme aussi considérable, fit passer, par Gibraltar, un ambassadeur à Madrid, qui rapporta la destitution de M. Segui et l'ordre à M. Arnoldo Soler, vice-consul, de se charger des affaires du Consulat. Ces dispositions furent ordonnées par M. Cevallos, alors ministre du roi Charles IV. Le sieur Soler s'occupa du règlement de la dette de M. Segui, qui peu de temps après, et par ordre du bey, fut mis en état d'arrestation avec toute sa famille dans la maison consulaire. Ce prince crut sans doute par cette mesure hâter la rentrée des fonds des créanciers de cet ex-consul.

M. Segui, après avoir été détenu pendant quinze mois, vient d'être mis en liberté depuis huit jours, sur l'avis que le bey a reçu d'Alicante qu'une partie de la créance du garde des sceaux avait été compensée par le non payement des droits de sortie des laines d'Espagne qu'on a expédiées à Tunis, et sur l'assurance que, par ce moyen, le restant ne tardera pas à rentrer. La même faveur a été obtenue pour les particuliers qui sont créanciers de M. Segui. Quoique cet ex-consul ne soit plus arrêté, il ne lui a pas encore été accordé de permission de partir. Il n'a cessé de protester de son attachement envers la France pendant toute la durée de sa détention; sa famille, qui avait depuis quelque temps la faculté de sortir, assista à la fête que donna M. Devoize le jour de saint Napoléon; M. Segui annonce hautement qu'il doit se rendre à Paris aussitôt qu'il lui sera permis de s'embarquer pour un port de France ou d'Italie.

Quant à M. Arnoldo Soler, il ne remplit ici d'autres fonctions que celles de consul du gouvernement de Séville; il fait régulièrement ses visites d'étiquette aux commandants des bâtiments de guerre anglais qui viennent à Tunis, et en même temps arborer le pavillon sur sa maison, suivant l'usage établi en pareil cas entre les nations amies. Je ne communique nullement avec lui, et sa conduite à mon égard est conforme à celle de l'agent d'une puissance en guerre avec la France.

On annonce l'arrivée à Tunis du marquis de Gaubert, que la *Junta* y a nommé son consul général et chargé d'affaires près le bey. Il n'est pas douteux que ce prince ne l'accueille, mais il ne manquera pas de prétendre des présents bien considérables pour son admission. M. Devoize m'a fait l'honneur de me dire avant son départ qu'il avait l'intention de proposer à Votre Excellence de solliciter l'envoi d'un agent de Sa Majesté Chrétienne à Tunis. Son arrivée y produirait le meilleur effet et mettrait un terme à toutes les incertitudes dans lesquelles on s'efforce d'entretenir le bey sur l'occupation du trône d'Espagne par un frère de Sa Majesté Impériale et Royale; mais il serait bien qu'elle n'eût lieu qu'après la soumission d'Alicante et de Malaga, villes avec lesquelles l'échelle de Tunis a d'importantes relations de commerce.

Je supplie Votre Excellence d'agréer l'hommage du plus profond respect avec lequel je suis son très humble et très obéissant serviteur.

BILLON.

(Arch. Min. Aff. étr., corr. consuls de Tunis.)

INDEX DES NOMS DE PERSONNES

INDEX DES NOMS GÉOGRAPHIQUES

NOTA. — Les mots France, Espagne, Tunis ne figurent pas sur cette liste, en raison même de leur emploi fréquent.

SOCIÉTÉ ANONYME « L'IMPRIMERIE RAPIDE DE TUNIS »

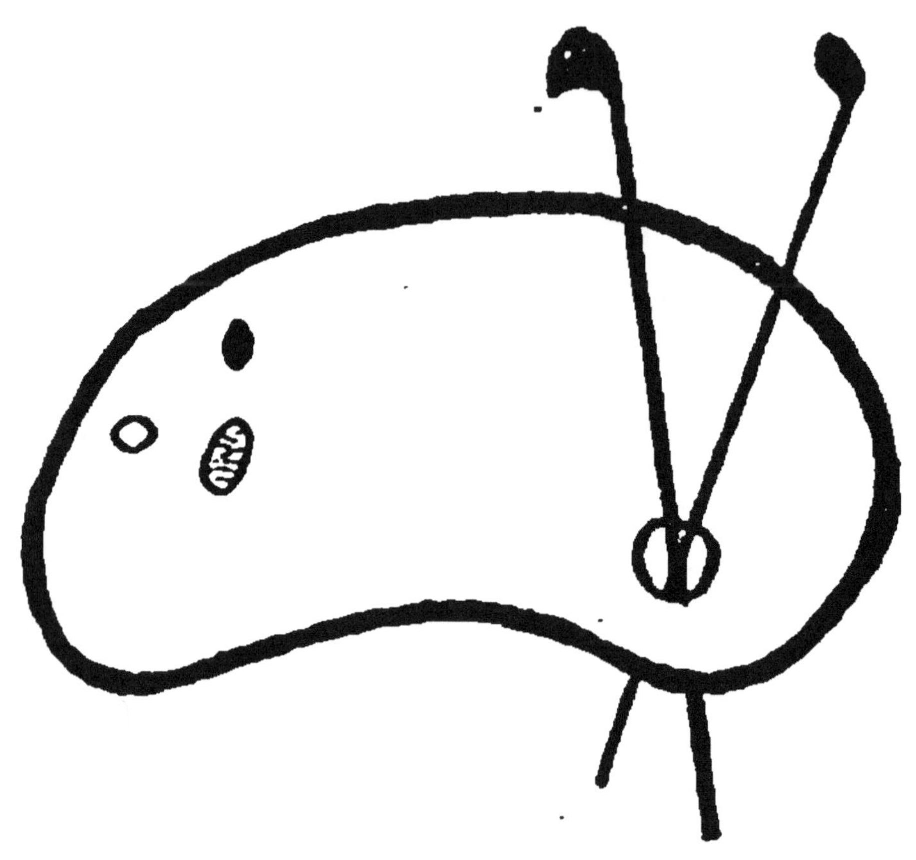

www.ingramcontent.com/pod-product-compliance
Lightning Source LLC
LaVergne TN
LVHW020345230826
846091LV00003B/995

9782012878617